大师经典

管人的艺术

团队沟通的方法和技巧

原书第6版

· 珍藏版 ·

[美] 斯蒂芬·P. 罗宾斯（Stephen P. Robbins） 著
　　 菲利普·L. 亨塞克（Phillip L. Hunsaker）

樊登　马思韬　译

Stephen P. Robbins

Training in Interpersonal Skills

Tips for Managing People at Work

机械工业出版社
CHINA MACHINE PRESS

本书通过对自我意识、沟通能力、激励能力、领导能力、协作能力和问题解决能力的培养、开发和训练，使管理者在日常的管理工作中学会领导和激励他人，让管理者掌握倾听、交流、合作、授权、反馈、劝说、谈判等非常重要的交际技巧和能力。

图书在版编目（CIP）数据

管人的艺术：团队沟通的方法和技巧：原书第6版：珍藏版／
（美）斯蒂芬·P.罗宾斯（Stephen P. Robbins），（美）菲利普·L.
亨塞克（Philip L. Hunsaker）著；樊登，马思韬译. — 北京：
机械工业出版社，2022.9
（大师经典）
书名原文：Training in Interpersonal Skills：Tips for Managing People at Work
ISBN 978-7-111-71310-4

Ⅰ.①管… Ⅱ.①斯… ②菲… ③樊… ④马… Ⅲ.①企业管理-人事管理
Ⅳ.①F272.92

中国版本图书馆 CIP 数据核字（2022）第 155804 号

机械工业出版社（北京市百万庄大街22号　邮政编码100037）
策划编辑：李新妞　　　　　　责任编辑：李新妞　陈　洁
责任校对：薄萌钰　刘雅娜　　责任印制：单爱军
河北宝昌佳彩印刷有限公司印刷
2022年10月第1版·第1次印刷
169mm×239mm·15.75印张·1插页·213千字
标准书号：ISBN 978-7-111-71310-4
定价：69.00元

电话服务　　　　　　　　　　网络服务
客服电话：010-88361066　　　机　工　官　网：www.cmpbook.com
　　　　　010-88379833　　　机　工　官　博：weibo.com/cmp1952
　　　　　010-68326294　　　金　书　网：www.golden-book.com
封底无防伪标均为盗版　　　　机工教育服务网：www.cmpedu.com

前　言

"人际沟通技能培训"是为管理学学生提供的最早的人际沟通技能培训包。自从第 1 版发行后，高等院校的管理学全体教员就开始逐渐意识到，在学生中培养人际交往能力的重要性。曾在国际管理教育协会担任教授和执行委员的米尔顿·布拉德（Milton Blood）博士解释了为什么管理技能培训在众多传统理论构建类课程中广受欢迎：

领导力听上去像一个应用课题，但其课堂展示可使学生在无更佳准备的状态下去实现成功领导；商学院毕业生需要去领导，而不是回顾领导力研究的历史。同样，毕业生需要去激励，而不是去比较和对比六个不同的激励理论。[⊖]

通过本书在人际沟通技能中的研究和实践，你可以学习到如何在任何情况下和他人建立起有效的关系。同时，你会精通那些对人际交往和组织有效性而言非常重要的技能，诸如自我管理、沟通、团队建设和问题解决。此外，你也将掌握那些有效领导力的必备人际交往技能，包括说服、参加政治活动、目标设定、激励技巧、指导和管理变更等。

关于第 6 版

第 6 版的内容已经根据评论家反馈和目前对组织管理者必备的新型人际交往技能的研究做出了修改。第 5 版的大多数评论家都看过了所有篇章，也同意现有学术理论已被相关材料很好地覆盖和支撑。因此，我们维持了相同覆盖域的概念和技能，尽管贯穿全书的研究参考和案例已被更新，并

[⊖] M. R. Blood, "The Role of Organizational Behavior in the Business School Curriculum," in J. Greenberg (ed.), *Organizational Behavior: The State of Science* (Hillsdale, NJ: Lawrence Erlbaum, 1994), p. 216.

且有些篇章已被重组，以更好地显示出有意义的课题发展（如对个人任务陈述的讨论被搬到了第三章"个人目标制定"之前）。

由于增加了情商运用和跨文化沟通的章节，本书现在共含 21 章。

致谢

我们对在以往版本中给我们提供开放的和真诚的反馈的学生们表示感谢。他们也同样为本书的改进贡献了诸多想法。同样感谢那些多年来都应用本书的教授们。

我们应把大部分功劳归功于我们的妻子劳拉·奥斯帕尼克（Laura Ospanik）和乔·亨塞克（Jo Hunsaker），她们允许我们为完成诸多版本的修改而牺牲了陪伴家人的时间。特别要谢谢乔·亨塞克，在目前的修订中还允许这种疯狂继续。

同时，我们也想感谢 Prentice Hall 的图书代表和我们的首席编辑艾瑞克·斯文森（Eric Svendsen）对完成第 6 版的修订给予的鼓励。也要感谢阿什丽·桑多拉（Ashley Santora），我们编辑服务的主管，她让整个修订过程井井有条。还有我们的项目经理梅格·欧若克（Meg O'Rouke）帮助我们获得许多有益的评论，也谢谢卡拉帕纳·凡卡图拉玛尼（Kalpana Venkatramani）在本书生产阶段给予的指导。

最后，我们想感谢那些给我们提供大量有效反馈的评论家们，他们提升了这一版的品质。要把感谢给予：

John M. Zink	Deborah L. Saks
Transylvania University	Purdue University
Robert H. Blanchard	Jennifer Morton
Salem State College	Ivy Tech Community College
Kimberly Johnson	
Auburn University Montgomery	

斯蒂芬·P. 罗宾斯

菲利普·L. 亨塞克

目　录

Training in Interpersonal Skills :

Tips for Managing People at Work

第一部分

自我意识

第一章
技能：介绍

今天的商学院毕业生，他们拥有丰富的技术知识。他们可以解决线性规划问题，计算出贴现率，想出一个复杂的市场计划，应付一堆电脑数据表格。他们技术扎实，但大多数人却缺少管人的时候所必要的人际沟通能力和社交能力。如果说商学院有一个需要改进的地方，那就应该是要加强培养毕业生的"人际沟通技能"。

——来自一个企业招聘者

这个针对商学领域的批评并不偏颇。近年来，企业招聘方[1]、商业媒体[2]、管理学院[3]和商业认证机构[4]，都已经注意到了近来的商学院毕业生缺乏人际沟通技能的缺点。不幸的是，这一现象放之我们整个社会来说同样存在。在一切先进技术的帮助下，我们学会了如何更多、更好、更快、更便宜地获取到信息和产品，但代价是更沉重的压力、肤浅的人际关系和越来越低的生活满足感。"我们学会的是如何生存，而不是如何生活。"[5]

事实上，人际沟通技能是建立快乐、富有成效并且令人满意的人际关系的必要条件，这些技能和过去一样被留存至今。我们在应付不断加速的技术革新时变得狂躁不堪，以至于忽视了人际沟通技能。讽刺的是，如今人们对这些人际沟通技能的需求超过以往，因为人们需要用这些技能来应付来自工作和生活中超负荷的信息压力。虽然一些量化、技术性的技能在很多商科课程中被更多的强化，但人际沟通技能的重要性还没有被所有从事商科教育的工作者所忽略，比如丹尼尔·戈尔曼（Daniel Goleman）和其他一些研究有关情感智商的学者[6]；还有许多排名领先的高等学府中设立的种种相关课程：人际关系动力学、培训与指导和团队建设等都是佐证人际沟通技能没有被忽视的证据。

本书旨在为你提供人际沟通的技巧和知识，不仅能帮助你作为领导或团队成员在职业生涯中成功发展，还能有效地管理你的人际关系，让人生变得有意义且令人满意。以下章节组成了本书的人际沟通技巧的内容，它们是成功的管理当中至关重要的组成部分。如果你自己可以把书中的这些技能运用到生活和工作的方方面面，那么你就可以十分有效地管理自己的人际关系。

人际沟通技能和有效的管理行为

研究试图区分有效管理者和无效管理者，结果表明成功的管理者拥有 51 个行为特征。管理者必须激励自己具备这些行为特征，而且他们必须拥有有效实施这些行为的技能。

行为

通过总结，研究人员将 51 个有效管理的行为浓缩成 6 个角色设定[7]，总结如下：

1. 控制组织的环境和资源。这一行为包括在长期规划中保持积极并先于环境变化的及时决策能力。这一行为还包括在对组织的目标有着清晰、及时、准确的了解的前提下，对基础资源的配置能力。

2. 组织和协调。在这一行为角色中，管理者围绕组织任务管控员工的行为，协调各自独立的关系，使之能够完成同一个目标。

3. 信息掌控。此行为包括利用信息和沟通渠道明确问题所在，认识到环境的变化并做出有效的决策。

4. 提供成长和发展的机会。管理者必须让自己在成长和发展的同时，也让员工在工作中通过持续学习，获得同样的成长机会。

5. 激励员工并解决冲突。在这一行为角色当中，管理者的作用是提升其在激励员工中的积极作用，以便让员工感受到加强工作表现的紧迫性，同时消除那些会削弱员工动力的冲突。

6. 战略性问题的解决。管理者必须对他们所说的话负责，保证员工有效地利用他们的决策能力。

研究者发现，以上 6 组行为解释了管理者身上 50% 以上的管理效率来源。管理者们虽然理解这些具体行为的必要性，但除非外界条件鼓励他们这样去做，否则他们还是不会采取这些行为组合。

动机

对成为一个管理者的渴望程度是影响管理效率的另一个因素。研究人员发现以下 7 个子分类构成了人们渴望从事管理活动的动机。[8]

1. 对权威的认可。这是对上级权威的渴望。

2. 竞争性游戏。在游戏和体育活动中与同伴竞争的渴望。

3. 竞争性环境。在职位和工作中与同伴竞争的渴望。

4. 绝对的自信。积极、自信地表现自我的渴望。

5. 给人深刻印象的意愿。利用告知他人做什么和批准他人做什么的方式影响其他人的渴望。

6. 独特性。在人群中能够以独特且高姿态的方式脱颖而出的渴望。

7. 发挥日常功能。日复一日地完成与管理相关的日常工作。

研究表明，成功的管理者在进行以上各方面的测试时，更容易获得管理动机方面的高分。如果以上 7 个方面都是你愿意去做且享受其中的，那么你就能准确地预判自己对从事管理工作的动机。

技能

即便你已经了解了有效率的管理者的这些行为习惯，主观上也愿意去实际运用它们，但你仍然需要一些匹配的技能才能充分有效地实施这些行为。实现高效管理的最普遍方法是将管理工作细分为关键的角色或技能。[9] 这些角色或技能总体上可以归纳为一个有效率的管理者身上需具备的以下 4 项不同的技能[10]：

1. 观念性技能。协调组织内所有利益和活动的心智能力。

2. 人际技能。与他人合作、理解他人和激励他人的能力。他人包括单个个体和组织群体。

3. 技术技能。在某个特定领域中使用工具、信息和技巧来完成工作的能力。

4. 政治技能。提高个人地位、奠定权力根基和培养适当的社会关系的能力。

管理者是否需要掌握以上所有技能呢？答案是十分肯定的。这四项技能对于一切成功的管理都是非常重要的。[11] 然而，研究表明，首席执行官级别的管理者对观念性技能的要求比低级别的管理者要更高。又比如人际技能，具体如倾听能力、口头沟通能力、耐心和理解员工需求的能力，则对所有级别管理者的成功都至关重要。

在一个对 100 位商业领袖进行的关于 21 世纪成功的管理者所必备的管理技能的调查中，以上这些结论都已经被证实。从调查结果中可以看出，21 世纪卓有成效的管理者都是变革型领导者，也就是说，一个老练的变革推动者会通过杰出的人际沟通技能和分析应用能力激励其他人分享战略愿景，并同时严格遵守道德准则。[12] 对于 21 世纪的管理者来说，最需要拥有的技能或者特质应该有：

- 沟通和人际关系技能。
- 具有道德和精神导向。

- 管理变革的能力。
- 激励他人的能力。
- 分析和解决问题的能力。

技能训练的必要性

有效的管理由三个部分组成：合理的行为、管理的动机和管理的技能。本书将主要聚焦于管理成功的要素之一——人际沟通技能。谈到有效的管理行为，它当中涉及的沟通、培养员工、鼓励他人和处理人际关系矛盾等，所有这些都与人际沟通技能有关。对于有强烈愿望想要从事管理工作的人，这一愿望的表现方式为接管团队、向他人授权等，而这些人际沟通技巧通常会在与同僚的竞争当中体现出来。总之，在不同层级的管理中所需要的人际技能和政治技能，其本质上最终都可以归属于人际沟通技能。

良好的人际沟通技能是衡量管理有效性的一项非常重要的属性，这就是为什么有那么多的人事部门、商业媒体、管理学院教授和评审机构会被大量缺乏这一能力的商学院毕业生所困扰。那些刚刚踏入职场的大学毕业生可能对管理工作充满了激情和动机，他们对管理效率确实也有一些概念层面的理解，但如果他们不重视发展人际沟通技能，那么对他们将来的发展无疑会埋下了储备不足的隐患。将一个空有一腔管理热情的商学院毕业生送到管理岗位上，就算他具备了一些关于成功管理的理论知识，那也只会让他成为一个侃侃而谈的领导，而不会帮助他成为一名成熟的职业管理者。[13]

明确关键人际沟通技能

如果我们已经意识到人际沟通技能是成功管理的必要条件，那么这些技能具体有哪些呢？目前已经有大量研究在试图定义这些必要的人际沟通技能，[14]尽管只是宽泛地定义了一些专有名词，但是某些技能还是常常出现在大多数研究结果的榜单上。比如，领导能力——包括处理矛盾的能力、主持会议的能力、辅导他人的能力、实施团队建设的能力、督促员工进行改变的能力，以上这些都出现在大多数领导能力研究结果当中。至于有效的沟通能力所涵盖的内容，则包括传递信息、倾听、提供反馈信息，这些都是有效沟通的基本组成元素。最近的研究表明，现如今对于大部分在国际组织里的人来说，跨文化沟通已经变得越来越重要。鼓励员工同样是大多数研究结果中提到的技能之一，尽管它很少被简单地定义为"动力"，而更多地被拆分成多种内容，比如设定目标、明确期望、授权他人、提供反馈等。

表1-1呈现的是有效管理者需要具备的关键人际沟通技能。尽管该表可能遗漏了一些重要的技能，但它代表了我们筛选过后认为最好的技能。这些都是经过许多研究和实践，证明对成功管理有着重要作用的技能。这些人际沟通技能为许许多多的专家所推崇，他们认为这些技能是有效的管理者需要具备的，或者说是那些大有希望成为管理者的员工需要培养的。

表1-1　有效管理者需要具备的关键人际沟通技能

关键人际沟通技能	
自我认知	传递信息
倾听	劝说
目标设定	政治活动
提供反馈	主持会议
授权	解决冲突
领导	谈判
变革管理	与不同类型的人合作
辅导	团队建设
道德决策	创造性地解决问题
跨文化沟通交流	情商应用

注释

1. AACSB, "The Cultivation of Tomorrow's Leaders: Industry's Fundamental Challenge to Management Education," *Newsline*, Vol. 23, No. 3 (Spring 1993), pp. 1-3.

2. *Business Week*, "The Battle of the B-Schools Is Getting Bloodier" (March 24, 1986), pp. 61-70.

3. L. L. Cummings, "Reflections on Management Education and Development: Drift or Thrust Into the 21st Century?" *Academy of Management Review*, Vol. 15, No. 4 (October 1990), pp. 694-696.

4. AACSB, "Accreditation Research Project: Report on Phase I," *AACSB Bulletin* (Winter 1980), pp. 1-46.

5. B. Moorehead, *Words Aptly Spoken* (Kirkland, WA: Overlake Christian Press, 1995), pp. 197-198.

6. See, for example, D. Goleman, "Leadership That Gets Results," *Harvard Business Review*, Vol. 78, No. 2 (2000), pp. 78-90; D. Goleman, R. Boyatzis, and A. McKee, *Primal Leadership: Realizing the Power of Emotional Intelligence* (Boston, MA: Harvard Business School, 2002), pp. 12-18.

7. J. J. Morse and F. R. Wagner, "Measuring the Process of Managerial Effectiveness," *Academy of Management Journal* (March 1978), pp. 23-35.

8. J. B. Miner and N. R. Smith, "Decline and Stabilization of Managerial Motivation over a 20-Year Period," *Journal of Applied Psychology* (June 1982), pp. 297-305.

9. R. L. Katz, "Skills of an Effective Administrator," *Harvard Business Review* (September-October 1974), pp. 90-102.

10. C. M. Pavett and A. W. Lau, "Managerial Work: The Influence of Hierarchical Level and Functional Specialty," *Academy of Management Journal* (March 1983), pp. 170-177.

11. Ibid.

12. M. Mallinger, "Management Skills for the 21st Century: Communication and Interpersonal Skills Rank First," *Graziadio Business Report*, Vol. 1, Issue 2 (1998), pp. 7-10.

13. D. D. Bowen, "Developing a Personal Theory of Experiential Learning," *Simulation & Games*, Vol. 18, No. 2 (June 1987), pp. 192-206.

14. AACSB, "Outcome Measurement Proect of the Accreditation Research Committee, Phase II: An Interim Report," American Assembly of Collegiate Schools of Business (December 1984); AACSB, "Outcome Measurement Project: Phase III Report," American Assembly of Collegiate Schools of Business (May 1987); AACSB, "The Cultivation of Tomorrow's Leaders: Industry's Fundamental Challenge to Management Education," *Newsline*, Vol. 23, No. 3 (Spring 1993), pp. 1-3; Richard E. Boyatzis, *The Competent Manager: A Model for Effective Performance* (New York: John Wiley & Sons, 1982); H. B. Clark, R. Wood, T. Kuchnel, S. Flanagan, M. MOSK, and J. T. Northrup, "Preliminary Validation and Training of Supervisory Interactional Skills," *Journal of Organizational Behavior Management* (Spring/Summer 1985), pp. 95-115; H. Z. Levine, "Supervisory Training," *Personnel* (November-December 1982), pp. 4-12; B. D. Lewis, Jr., "The Supervisor in 1975," *Personnel Journal* (September 1973), pp. 815-818; J. Porras and B. Anderson, "Improving Managerial Effectiveness Through Modeling – Based Training," *Organi zational Dynamics* (Spring 1981), pp. 60-77.

第二章

自我认知：一个起点

自我测评：评估你的自我认知[1]

对于表 2 - 1 中的描述，从给出的分数中，标出最能恰当描述你自己的分数。

表 2 - 1　自我测评

十分同意	同意	中立	不同意	十分不同意
1	2	3	4	5

_____ 1. 我了解自己的长处和短处。

_____ 2. 我有计划地去发展新技能和提高自己其他方面的能力。

_____ 3. 我定期参加自我评估练习。

_____ 4. 我知道在生活中哪些东西可以激励我的行为，促使我做出选择。

_____ 5. 我知道自己的核心价值在哪里，并知道它们如何影响我所做出的决定。

_____ 6. 我对自己与他人互动交流的质量感到满意。

_____ 7. 我能控制自己在遇到困难时的情绪。

_____ 8. 我已经实事求是地评估了自己的核心能力和短板。

_____ 9. 我对自己跟他人沟通的方式很满意。

_____ 10. 我知道自己最好的处理信息的方式。

_____ 11. 在选择行动方向之前，我会进行权衡。

_____ 12. 我能在团队中工作顺畅。

_____ 13. 在一个大的团队中，我感觉很舒服。

_____ 14. 我了解自己性格当中的优势和劣势。

_____ 15. 我知道自己是外向的人还是内向的人，而且我了解自己的这一特点在和他人合作中的影响。

_____ 16. 我在工作中和学校里都是一个令人愉悦的人。

_____ 17. 其他人会评价我是一个负责任的人。

（续）

十分同意	同意	中立	不同意	十分不同意
1	**2**	**3**	**4**	**5**

_____ 18. 我乐于接受并追求新的体验。

_____ 19. 我善于观察自己的行为，能够准确地理解他人对我的评价，接受但不完全依赖他人对我提出的意见。

_____ 20. 我有意识地培养自己并表现出积极乐观的态度。

_____ 21. 我对他人的言行很有洞察力。

_____ 22. 熟悉对方以后，我会表现得完全不一样。

_____ 23. 对于不能马上提起我兴趣的事情，我会采取开放的态度。

_____ 24. 对于我相信并且看重的东西，我会控制自己表现出来的热度。

_____ 25. 对于毫无预期地出现的新环境和人，我能从容面对。

_____ 26. 对于他人对我的感觉，我有一个实事求是的判断。

_____ 27. 我乐于与他人分享我的想法和感受。

_____ 28. 我愿意与和我不同的人相处并向他们学习。

_____ 29. 我能在正式场合和生活中恰当地驾驭自己的情绪。

_____ 30. 我能帮助他人处理问题，并能为他们提供帮助和支持。

_____ **总分**

得分与解析

加总刚刚回答的 30 个问题的分数，每一题的分数都代表了你需要加强自我认知的因素。要想提高自我认知，我们就要对每一个问题都如实回答。数字等级反映出相关的认同水平。总分越低，你的自我认知越好；总分越高，说明你在自我认知方面有很多地方需要改进。总之，如果你的得分在 90 分（中等水平）以上，那么你就应该制订一个提高自我认知的计划了。

技能概念

本章旨在帮助你了解自己。两千多年前，苏格拉底公布了名为"了解你自己"的公告。近些年，管理界的大师们，比如彼得·德鲁克提出建议："在知识经济时代，成功属于那些了解自己的人们——他们了解自己的强项、自己的价值，以及自己如何达到最佳表现。"[2] 在本章当中，你会了解到为什么提升自己的自我认知如此重要，以及一些让你更好地认识自己的方法。整个过程始于你完成自我评估问卷并和你的同事讨论问卷的结果。

为什么要提升自我认知

我们中有很多人都在回避自我认知。我们试图保护、维持和加强我们的自我认知概念和在他人心目中的形象。我们并不想把自己的恐惧、不足、自我怀疑和不安暴露在他人面前。如果我们如实地进行自我评估，我们可能会看到那些不想看到的。我们害怕让人看到真实的自己，因为那样会遭到他们的拒绝。这种感觉就好像"如果你知道我是一个四肢发达头脑简单的人，或者我出身贫穷，又或者我是一个同性恋——如果你知道了这个——那么你就不会再重视我了，你也许就该拒绝我了。所以我尝试伪装成另一个样子，甚至连我自己都被欺骗了"。我们在自己的内心深处建立了一个保护层以防止别人看到我们真实的内在，掩盖我们的弱点，这是因为我们害怕自己被别人利用。

但维持这样的状态让人疲于应付，也不是长久之计。作为有思考能力的综合体——人类，我们要在"我们应该被别人知道的"和"我们害怕被别人知道的"之间找到平衡。人无完人，知道我们的优势和劣势其实可以帮助我们更好地自我洞察，帮助我们改善不足之处。

要想提高人际沟通能力，我们就要了解自身。自我认知绝对是基础。根据比尔·乔治（Bill George，*The North* 一书的作者）所说：除非你拥有自我认知，否则你将不可能拥有高质量的情商（本书第四章内容）。你可能有动力却无法与人沟通，同时又缺乏认同感。你会因此失信于人。[3]

你对自己了解得越多，就越能更好地被他人所理解，以及越明白为什么他们以那样的方式回应你。如果你对自己独特的人格有更多的了解，那么在与人相处时，你就会对自身基础行为的倾向性有更多的洞悉。

这些自我洞悉已经被确定为职业生涯和个人成功的重要因素。我们常说，如果一个人无法有效地管理自己，那么他就很难有效地领导其他人。如果你无法真正了解自己，那么要想管理好自己是很困难的。自我认知包括了解你的动机、情绪、性格、好恶，以及擅长什么、不擅长什么等。因此，自我认知是培养有效领导力的前提。[4]

比如，对自身行为有着准确自我认知的领导者会针对特定的组织情况采取合适的领导风格。共鸣或者外在自我认知使得领导者可以敏锐地洞悉当前领导类型的有效性；而感性或者内在自我认知则帮助领导者挑战潜在的假设和情绪，做出改善，从而选择一个更加适合当前情况的领导类型。

本章讨论自我认识的目的并非让你从心理学的角度去分析自己，而是帮助你了解自己的行为，以及这些行为是如何影响他人的。如果你愿意，你可以选择放弃无效的行为，转而尝试一些新的方法。本章的目的不是要求你做出改变，而仅仅是帮助你更加深入地了解自己，实现自我认知，以便你可以做出正确的决定，这才是最重要的。

如何提升自我认知

要提升自我认知，我们首先需要强化"我需要被别人知道"的意识，摆脱对自我认知的恐惧。好消息是，我们中的大多数人对于技能上的不足不那么抗拒，因为这些不足是可以通过练习改善的；而性格上的不足通常被认为是相对难被改变的。如果我们可以削弱对技能不足的恐惧心理，从而满足自身提高这些技能的需求，那么我们可以通过什么途径洞悉自身的行为呢？这一部分我们将讲述提高自我认知的方法。

许多自我评估的技巧可以促进自我分析，此处讨论的技巧是基于经验和完成自我评估问卷的前提。图2-1总结了许多自我评估的技巧，这些技巧可以从经验中获得，用于建立更完整的自我认知。

- **自我书面采访、生活故事、自传体故事**：这项技巧要求个人撰写自传以记录自己的生活。这是一种以书面形式记录个人历史的记叙文。用具体的内容讲述生活事件、教育背景、兴趣爱好、过去发生过的主要变化、所描述事件的结果，以及个人对这些事件的感受，还包括对生活中转折点的描述和过去职业生涯中的得失评述。
- **日记和周记**：人总会经历一些特殊的阶段，它们会记录下那些事情和所做出的决定，以及在这些事情上所耗费的时间。当你有了这样一本日记时，你最好将工作和非工作的事情都记录下来。
- **记录白日梦**：写下自己对当下或者未来环境的美妙幻想和展望。个人往往写下的是自己已经看见的。
- **撰写未来的讣告或者退休感言**：为自己写下将来去世或者退休时会用到的讣告或者感言，写下自己认为会被记住的是什么，或者同事和熟人给予的评价。
- **为重要的工作价值排序**：罗列自己觉得重要或有相关性的价值并按照合理性排序。所罗列的价值可能包含在以下大致分类之中：金钱、财物安全、材料获取，帮助他人、社会贡献，自控力、自我提高，安全感、稳定性、预见性，智力挑战、精神刺激。
- **资产和债务平衡表格**：罗列两张清单，第一张写明资产或者优点；第二张写明债务或者弱点。在用到这项技巧的时候，你最好描述清楚背景状况和行为，以便准确地完成个人资产和债务评估。
- **生活方式陈述**：以书面或者画面的形式描述自己当前的生活方式。运用此技巧时，个人应尽可能地用行为具体表现出来。

图 2 - 1　自我评估技巧

资料来源：Mealiea, L. W., G. P. Latham, *Skills for Managerial Success* (Chicago：lrwin, 1996), p. 34.

征求反馈意见　诚恳的反馈或许是获得自我认知的最好途径[5]，这有助于你获得一个人对你的坦诚和本能的反馈。尤其是在你不置可否的时候，这会让你有一个足够信任的人可以向他求助。遇上麻烦时，你可以问他"我是不是大错特错了？""我真的疯了吗？"这个人可能是你的伴侣，可能是你的其他什么重要的人，也可能是你的学长或者一个最好的朋友，再或者你可以聘请一名治疗专家或私人教练。不管怎样，你应该选择一个你可以真正坦诚面对的人。

正式和非正式的反馈过程往往可以为个人提供一次有效的自我反省的机会。许多组织会为他们的管理人员提供 360°的反馈，帮他们从上级、同僚、员工的反馈中获得信息，使他们获得关于自身优势和劣势的洞察。这种 360°的反馈项目越来越受欢迎，因为从上至下不同层次的多个个体提供的有着重要意义的反馈数据，比一两个个体所提供的要丰富得多。[6]

获得可信反馈的另一个途径是支持小组。男人、女人、夫妻之间的互相诊断或者任务小组或者学习小组都是很好的例子。由那些你从来没见过的人组成的支持小组也可能是关于你的一种可信反馈来源，尤其是在那些人与你有着多样化的地域特征和种族特征的情况下，反馈会更为真实可信。不同背景的陌生人由于只是偶尔见面来增加对彼此的了解，所以他们常常会比你最亲密的朋友和同事分享更多的秘密并给予更冒险的反馈。

通过所有的反馈方式，你会知道自己在他们心中的印象，别人是怎么看你的，还有你可能自己都不知道的对他人的影响。一旦你拥有了那些特点——当你意识到并接受了那些特点——你就可以真正地积极利用它们并发挥你的长项。

反思　反思是回顾数据的一种表现——经验、状况和行为——为了能更好地理解并能从中学到更多的东西。反思的重要性和价值在商业文学和组织中已经被大范围接受了，但是对许多管理者来说，最困难的是在他们忙碌的安排中嵌入常规的反思行为。像冥想和瑜伽等也正在成为一种非常流行的便于自我反思的行为活动。[7]

反思有很多种实践方式，有些是自我的独自反思，有些则是包括其他人或其他群体的反思。独自反思的方式就是找一个僻静的地方反思自己的经历，并从中吸取经验和教训。这样可以帮助你在工作日的开始或者结束的时候，在正常计划周期的空隙给自己留出反省的时间，这个时候你一天的工作压力要么还没开始要么还没消退。

独处表示你要拒绝和别人交流并与自己相处——并保持这个状态很长一段时间。安静也是重要条件之一。安静表示要逃离喧哗和噪声，但是大自然的声音没有关系。独处对那些平常有频繁人际交流需求的人很重要，因为他们没有太多时间独处。

你会在独处的时间里做些什么呢？散步、冥想或者只是放松——形式并不重要，只要你达到独处的目的即可。你能够恢复并反思所需的独处时间要根据你所处的环境状况而定。独处的好处有很多，包括仔细思考你是谁，你和他人关系的本质是什么，还有你的目标是什么。独处也可以培养你的创造力，因为这样你可以在没有被监视的情况下思索，并评估那些当众提出的新想法。[8]

写日志 另一种从经验中反思的方式是坚持写日志。日志与日记很相似，但是日志不仅仅是记录每天都发生了什么。日志应该包括强调你的人际关系经历的重要方面的记录；还应该包括对有见解的和有趣的引言、趣事、报纸文章甚至幽默卡通的评论；也可以包括对个人事件的反思，例如与上司、教练、老师、学生、员工、组员、室友等人的沟通。这样的记录可以描述某个人处理某种情况的好坏做法、出现的问题、不同人对此种情况的不同反应，或者新闻中、书中、电影中的人物分析。你也可以用这种日志来记录自己关于书本上的文章或者文章中的概念在实际工作应用中的思考。[9]如果你想要从别人那里征求反馈意见，你可以将自己的日志发表到博客上，并看看别人如何评论。

至少有三个积极因素促使你写日志。第一，这个特有的过程可以增加你从不同角度看待问题和从中吸取经验教训的可能性。第二，你可以也应该重新阅读你之前的记录，之前的记录能够提供很多有趣、有价值的包含你自己关于人际关系和特殊事件的想法。第三，好的日志可以是一个你之后用于正规论文、激励性讲话或演讲的知识储存库。

写博客 互联网的出现和应用，使得写日志可以变成写博客。博客是一个网站，你可以把自己的日志按时间顺序发布，或者以时间逆序展现。现在的博客是从在线日记演化而来的，可以帮助你持续记录你的生活。[10]如果你想要从自己过往的经历中吸取经验教训或者想听到他人的反馈，那么，博客就可以让其他人阅读你的日志，并能以互动的形式留下他们的评论。"开放的日记（Open Diary）"开始于1998年10月，它发明了读者评论这个功能，并成为第一个博客社区（当时那里已经有了数以千计的在线日记），读者可以在那里对别人写的博客日志添加自己的评论。[11]

自我评估鉴定　另一种了解你自己的方式就是分析。不论你何时做一个重要的决定或者采取一个关键的措施，你都要把自己所期望发生的写下来。然后，每三四个月将实际发生的真实结果和你所期望的结果进行比较。如果你坚持使用这个方法，它将能记录你的优点和缺点。它也会记录你成功做过的事和没能完成的事情。最后，它还可以记录你在哪个领域并不擅长或没有优势，或者在哪方面不能很好地执行。[12]

从经验来看，这么做有四个方面的影响。第一，你可以知道你擅长哪些方面，以便于以后可以专注于你的长项，并能最大化地发挥你的优势以取得最好的结果。第二，你可以知道你的哪些优势需要提高和改善，以及你需要获得什么样的技能。第三，你可以知道在哪些领域你需要获得一些额外的知识才能真正地发挥你的优势。或者，你的某个不好的习惯也许会让组织中一些好的行为和常见礼节不能得以顺利实现，进而不能起到"润滑剂"的作用。第四，你会知道你在面对哪些领域时是无论怎样都完全没有天赋和兴趣的。你完全用不着浪费任何努力在你完全不擅长的领域，因为你会花费更多的时间在自己不能胜任的领域以提高到中庸水平，这要比你在自己擅长的领域提高到一流水平以实现最出色表现所花费的时间要长得多。[13]

自我评估库　还有一种能够提高你的自我认知的方法，就是进行自我评估问卷解读。这种方法的优点是它可以在自我控制下使用。这个优点同时也是这个方法的缺点，因为自我评估是主观地从自我的角度出发，有可能会带有偏见性和自我保护性。所以，自我评估的结果应该通过其他征求反馈意见的方法来进行检验，以便从更多角度证实它的可信度。

接下来的每一章都会从自我评估开始，以建立你自己对在本章中所讲的这一能力的基本认识。自我评估库之所以被写在这一部分，是因为它可以对你的一般技能提供反馈，而这些反馈能够影响你的总体人际关系能力和书中其他章节提到的具体技能的运用。

之后的七个自我评估问卷能够给出你在人际关系方面的有关能力反馈并提供重要的见解。[14]你可能还想要检验其他特点，以得到一个对你自己更全面的理解。其他信息的一个来源是 Prentice Hall 自我评估图书馆 CD（Prentice Hall Self-Assessment Library CD-ROM）。其他的自我评估工具资源可以在学校咨询中心、专业咨询师和职业介绍组织中找到。

自我评估问卷（SAQ）

你的性格特点中的哪一项最有可能影响你和别人相处的方式？我们已经找到了七种与有效的人际关系和提高人际沟通技能有关的测量方式。学习方式测试指的是在四个不同学习模式的基础上你所偏好的学习方式。基本人际关系行为倾向表明了你从和他人的交流中想得到什么。主动性表明了你如何得到你想要的。大五人格要素表明了你的判断力、社交力、开放性、亲和性和自觉性的水平。认知方式指的是你用来尝试解决问题的途径和一般方式。控制点指的是你是否相信自己对于发生在你身上的事情尽在掌控之中。A 型人格测试表明了在时间压力下要一次完成几项事情时你的压力程度，它使你变得更有竞争力、更有进取心，而非让事情进展得更缓慢，并且使你沉湎于和工作无关的活动。

下面的调查问卷被设计用来测试这些特点的每个方面。现在，请花时间来完成它们。当你完成后，你会看到给每个问卷打分的指南，以及关于你和你的人际沟通技能结果的讨论。

SAQ 1：学习方式[15]测试问卷

学习方式测试问卷（表 2-2）通过将以下 8 个陈述进行排序来评估你的学习方式。在每个最能描述你行为的标度数字上画圈：1 表示"这完全不符合我"；5 表示"这完全符合我"；如果觉得模棱两可，就圈上 3；2 意味着这个陈述很少符合你；4 表明这个陈述是你经常的行为方式。

表 2 - 2 学习方式测试问卷

陈述内容		标度			
1. 我享受探索新经历和新关系的过程，并从中看看我能学到什么。	1	2	3	4	5
2. 我积极地参与"此时此刻"的活动，以使我能够知道自己如何影响环境和他人。	1	2	3	4	5
3. 我是个事件和人的仔细观察者，并且发现自己对看到的和听到的发生在周围的事能够做出反应。	1	2	3	4	5
4. 我发现自己会和他人谈论自己最近的经历，好让自己可以弄明白人们说的和做的事情，以及为什么事情会有这样的结果。	1	2	3	4	5
5. 我喜欢表达抽象的概念和符号，以使相关事物和概念之间的关系可视化。	1	2	3	4	5
6. 我发现自己喜欢做"如果……那么……"形式的推理，并将想法综合成供未来测试使用的假设和模型。	1	2	3	4	5
7. 我乐于冒险通过他人或实际行动来测试我的想法，以观察其是否奏效。	1	2	3	4	5
8. 我是个坚定、务实并乐于将计划变成实际行动的问题解决者。	1	2	3	4	5

SAQ 1 评分标准

以上问题并没有正确或错误的答案。它们只是被设计用来洞察当你在学习时如何思考和行动。为了确定你的学习方式偏好，将你每组的"分数"（1 _____ +2 _____，3 _____ +4 _____，等等）填在表 2 - 3 里。

表 2 - 3 SAQ 1 分数计算

问题得分	学习过程
1 _____ +2 _____ = _____	具体经验
3 _____ +4 _____ = _____	反思观察
5 _____ +6 _____ = _____	抽象概念
7 _____ +8 _____ = _____	主动实践

你的最高得分表示了你倾向的学习方式。得分较低的就是你在学习中较少使用的方式和过程。将你在学习过程中的每组得分写在图 2 - 2 的椭圆内，在垂直和水平坐标上做标记以收集和评估得分信息，然后将这些点连起来形成一个矩形。矩形中最大的方块就是你的学习类型。如果具体经验

的分数是 10，反思观察的分数是 9，抽象概念的分数是 3，主动实践的分数
是 5，那么你最大的区域就是图 2 - 2 中右上角的方块，你的学习类型就应
该是发散型。阅读以下对四种学习过程和类型的描述，然后思考你的自我
选择类型是否准确地描述了你如何学习。最后将你的得分同他人进行对比
并思考分歧。

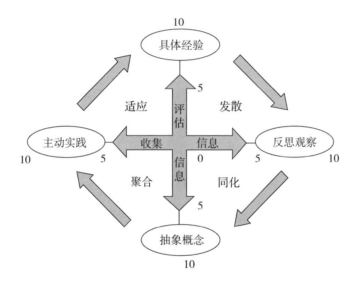

图 2 - 2　学习方式和过程

资料来源：David A. Kolb, "Management and the Learning Process," *California Management Review* 18
（Spring 1976），pp. 21 - 31.

SAQ 1 得分解读

图 2 - 2 代表着基于将四种不同学习类型结合起来的四种不同学习过程的
可视化实验学习模型。[16]横向坐标代表了主动实践和反思观察这两种信息收集
方式。反思观察是指被动消极地观察实验中的其他人，并将观察结果反映在
其他观点发生的方方面面。而当通过主动实践学习时，人们会直接跳至任何
发生的情景和活动来观察发生的事物。

纵向坐标表示两种相反的评估信息的方式，即具体经验和抽象概念。具
体经验是指在处理具体现实问题时通过描述感觉来学习。抽象概念是指通过

思考和分析新信息来形成抽象的概念、概括、假设、模型或计划。

这些可替代的从经验到将学习转化成行动的学习方式代表了四种不同的学习类型。成年学习者必须随着学习情况的变化选择不同的技能，但随着时间的积累，一种偏好的主导模式会出现。[17]大多数人会将重点放在一个或两个学习过程上而不是全部过程上，因此一种主导学习类型就出现了。四种主导学习类型的特点——发散型、同化型、聚合型和适应型，如图 2-3 所示。

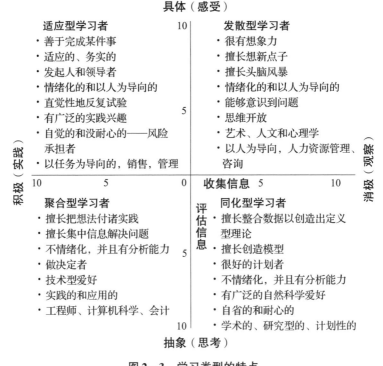

图 2-3　学习类型的特点

资料来源：Joyce S. Olsand, David A. Kolb, lrwin M. Rubin, and Marlene E. Turner, *Organizational Behavior*：*An Experiential Approach*, 8th ed.（Upper Saddle River, N. J.：Prentice Hall, 2007），p. 56.

1. 发散型。 通过具体经验和反思观察学习的人们属于发散型学习者。他们倾向于从特殊经历的反思中得出新借鉴而不是直接做决定并付诸行动。分散型学习者会更有想象力、更擅长头脑风暴，喜欢搜集信息并在形成创新型想法时参与群体讨论。他们从多角度看待特定事件和情况，并且用开放的心态倾听。这种学习者经常对艺术、人文和心理学感兴趣。他们经常从事人力资源管理或组织内的服务工作。

2. 同化型。同化型学习者会将反思观察和抽象概念结合在一起以得到自己能理解的一系列信息，然后将其放入简明报表，创造出理论模型来解释他们观察到的东西。身处抽象概念和理论世界，同化型学习者倾向于通过讲座、阅读和研究，而不是要求与他人交流来学习。这种类型的人经常从事诸如自然、信息技术或计划性的工作。

3. 聚合型。聚合型学习者会将抽象概念作为主动实践的基础。他们将理论和概念用于实践并乐于解决问题。和同化型学习者一样，比起需要同人共事的工作，聚合型学习者倾向于技术型工作而非与人合作。这种类型的人更喜欢物理科学、工程师和技术型职业。

4. 适应型。主动实践和实施计划以形成具体经验是适应型学习者的主导特征。这种类型的学习者聚焦于"做"和"亲自动手"的经验。这类人乐于参与新挑战、快速适应新环境，并乐意冒险。一个不符合实际的理论会立刻被弃，因为这个类型的人更倾向于自动把"本质"感想表现出来。虽然他们与他人相处时很自在，但对自己会缺乏耐心、独断，而且以任务为导向。他们更喜欢小组作业和现场工作。适应型学习者经常做商业销售和管理等行动导向类工作。

除了上述主导学习类型，还有一种在各维度得分相对平均的类型，即平衡型。

通过对近2000个学习类型的研究，我们得到了两个主要结论：一个是关于个人学习者的，一个是关于组织的。[18]对个人来说，增强你的非主导型学习能力将增加你的适应灵活度，并使你有一系列不同的体验。学习类型是动态的，而不是固定的，人们应该在已会使用的技能上少分配些时间。[19]有平衡学习属性的人是更灵活的适应型学习者。[20]

管理者实用技巧

团队和组织领导者要评估并对不同学习类型的人的不同能力做出判断。许多管理者在适应型学习中更强，集中在主动实践和具体经验上。适应型的管理者也会比同类型的研究者更少从数据中得出结论，也较少和行动相一致。总体上说，四个类型是互补的，并且都需要在组织中优化各自的表现。

SAQ 2：基本人际关系行为倾向（FIRO – B）问卷[21]

对于表 2 – 4 中的描述，从给出的分数中选出最能恰当描述你自己的分数。

表 2 – 4　基本人际关系行为倾向（FIRO – B）问卷

通常	时常	有时候	偶尔	很少	从不
1	2	3	4	5	6

_____ 1. 我试图和人们在一起。

_____ 2. 我让其他人决定做什么。

_____ 3. 我参加社会组织的活动。

_____ 4. 我试图和人们有亲密关系。

_____ 5. 当有机会时，我倾向于加入社会组织。

_____ 6. 我会让其他人强烈影响我的行动。

_____ 7. 我试图加入非正式的社会活动。

_____ 8. 我试图和人们有亲密的、私人的关系。

_____ 9. 我试图将其他人纳入我的计划。

_____ 10. 我让其他人控制我的行为。

_____ 11. 我试图笼络周围的人。

_____ 12. 我试图和其他人变得亲密和私人化。

_____ 13. 当人们在一起做事时，我倾向于加入他们。

_____ 14. 我很容易被人领导。

_____ 15. 我试图避免独处。

_____ 16. 我试图参与群体活动。

（续）

对接下来的一组描述，选择最符合你答案的数字：

大多数人	许多人	一些人	少部分人	一两个人	没有人
1	2	3	4	5	6

_____ 17. 我试图对人们友善。

_____ 18. 我让其他人决定做什么。

_____ 19. 我和其他人的个人关系冷漠并疏远。

_____ 20. 我让其他人控制事情。

_____ 21. 我试图和人们建立亲密的关系。

_____ 22. 我会让其他人强烈影响我的行动。

_____ 23. 我试图和其他人变得亲密和私人化。

_____ 24. 我让其他人控制我的行动。

_____ 25. 我对其他人表现得冷漠和疏远。

_____ 26. 我很容易被人领导。

_____ 27. 我试图和人们建立亲密的个人的关系。

对接下来的一组描述，选择最符合你答案的数字：

大多数人	许多人	一些人	少部分人	一两个人	没有人
1	2	3	4	5	6

_____ 28. 我喜欢人们邀请我做事。

_____ 29. 我喜欢人们对我表现得亲密和私人化。

_____ 30. 我试图深刻影响其他人的行动。

_____ 31. 我喜欢人们邀请我成为他们中的一员。

_____ 32. 我喜欢人们对我表现得亲密。

_____ 33. 当和人们在一起时，我试图控制事件。

_____ 34. 我喜欢人们把我纳入他们的活动。

_____ 35. 我喜欢人们对我表现得冷酷和疏远。

_____ 36. 我试图让其他人以我想让他们做事的方式来做事。

_____ 37. 我喜欢人们邀请我参与他们的讨论。

_____ 38. 我喜欢人们对我表现得友善。

_____ 39. 我喜欢人们邀请我参与他们的活动。

_____ 40. 我喜欢人们对我表现得疏远。

（续）

对接下来的一组描述，选出最能恰当描述你自己的分数：

通常	时常	有时候	偶尔	很少	从不
1	2	3	4	5	6

_____41. 当我和人们在一起时，我试图成为主导者。
_____42. 我喜欢人们邀请我做事。
_____43. 我喜欢人们对我表现得亲密。
_____44. 我试图让其他人做我喜欢他们做的事。
_____45. 我喜欢人们邀请我成为他们中的一员。
_____46. 我喜欢人们对我表现得冷酷和疏远。
_____47. 我试图深刻影响其他人的行为。
_____48. 我喜欢人们把我纳入他们的活动。
_____49. 我喜欢人们对我表现得亲密和私人化。
_____50. 当我和人们在一起时我试图控制事件。
_____51. 我喜欢人们邀请我加入他们的活动。
_____52. 我喜欢人们对我表现得疏远。
_____53. 我试图让其他人以我喜欢他们做事的方式来做事。
_____54. 当我和人们在一起时我会控制事件。

SAQ 2 评分标准

SAQ 2 被视为基本人际关系行为倾向（FIRO－B）问卷[22]。该调查问卷的理论依据是个人有三种变动的人际交往需求。第一种是归属——一种和他人建立和维持关系的需要。该需求涉及你在组织中如何平衡成为其中一员与一个人独处之间的关系。第二种是控制——一种在关系里维持让自己满意的权力和影响的需求。控制是指我们必须在对组织权力的欲望及对自由的欲望中做出权衡与取舍。第三种是被喜欢的需求——这种需求是指和他人形成亲密和私密的关系。该需求涉及你如何平衡需要温暖和承诺的欲望与保持距离和独立的欲望。

这三种需求里的每方面都包含两个子维度：给予这种需求和从他人获得这种需求。比如，问卷测量了你接纳他人和被他人接纳的需求。结果是 SAQ 2产生了六个独立的分数。参照表 2－5 来计算你的分数。表中的项目号对应 SAQ 2 问卷中的题号；答案对应每个项目的答案。如果你用相应的答案回答了一个项目，就在该项目的相应答案上画圈。当你把所有答案都画上圈后，把所有答案对应的数字相加并写在总分的方框中。这些数字代表着你在六个领域中的人际交往需求强度。每个单项的分数都会在0分至9分（含9分）之间。你的人际交往需求总分通过把六个方框内的数字相加求得。将你的总分写在表的最下面人际关系行为倾向总得分的方框里。

表 2-5　人际关系行为倾向打分表

需要归属		被需要归属		需要控制		被需要控制		需要喜欢		被需要喜欢	
项目	答案和得分	项目	答案和得分	项目	答案和得分	项目	答案和得分	项目	答案和得分	项目	答案和得分
1	1-2-3	28	1-2	30	1-2-3	2	1-2-3-4	4	1-2	29	1-2
3	1-2-3-4	31	1-2	33	1-2-3	6	1-2-3-4	8	1-2	32	1-2
5	1-2-3-4	34	1-2	36	1-2	10	1-2-3	12	1	35	5-6
7	1-2-3	37	1	41	1-2-3-4	14	1-2-3	17	1-2	38	1-2
9	1-2	39	1	44	1-2-3	18	1-2-3	19	4-5-6	40	5-6
11	1-2	42	1-2	47	1-2-3	20	1-2-3	21	1-2	43	1
13	1-2	45	1-2	50	1-2	22	1-2-3-4	23	1-2	46	5-6
15	1	48	1-2	53	1-2	24	1-2-3	25	4-5-6	49	1-2
16	1	51	1-2	54	1-2	26	1-2-3	27	1-2	52	5-6
总分□		总分□		总分□		总分□		总分□		总分□	每个单项最多9分

人际关系行为倾向总得分（54是六个需求分数总和的最大可能数）□

SAQ 2 得分解读

你的人际需求总分就是你的个人需求得分总和，它将在0分至54分（含54分）之间浮动。[23]根据美国的研究，个人平均得分为29.3分，50%的成年答题者的得分在20~38分。得分高表明你有强烈的人际需求，有强烈的和他人交流的欲望，同时极有可能是外向的和群居的。得分低意味着大多数时间你并不介意一个人待着，同时在和他人相处时是有所保留的。

那么，你得分的意义何在呢？对商学院学生的调查发现，因专业不同，调查对象的得分也不同。[24]市场营销和人力资源专业的学生得分高于平均分；会计和系统分析专业的学生得分低于平均分。这些发现表明有更高人际需求的学生倾向于选择与人相关的职业，而那些人际需求较低的学生则更偏好非必须与人交流的技术性职业。然而，这些发现并不能预测你因此就能成为一个成功的管理者，因为那很大程度上取决于你的工作类型和你所指导的人。

答案没有对错之分。这个信息的价值是指导你的人际交往倾向。你的分数也很好地反映了其他人是如何看待你的。如果你对一些项目的结果不满意，那么在接下来的章节中要特别把注意力放在那些能够使你的行为有所提高的技能上。同时，看看管理者的应用技巧，看你如何才能更好地应用你的人际技能。

一种更好地了解你自己的方式是检查每个需求类别的得分，因为它们相互关联。比如，你个人得分中的最高项，表明了你的那种人际交往需求是最不令自己满意的，并且极有可能主导着你与他人的关系。每个单项的分数在0~9分，所以4.5分是平均数，也粗略地等同于平均分，虽然它们在每项具体得分中又有所不同。你可以看到你在六个不同的人际需求得分上是不是与平均分相差较大。如果是这样，那么这些不同又会如何被他人觉察，而你又是否按照你想要的改变方式行动了呢？

得分的另一个有价值应用是将它和与你相关的人的得分做比较。你是好相处的么，即你是另一个人所需要的人吗？或者你是不好相处的么，即你是不是表达了他人不想要的东西？当双方都想表达同一件事情时，其他问题又会出现，比如控制；或者当双方都不想表达必须表达的某件事时，同样是控制。最后，你认为在两个人都想强调同一个需求的时候会发生什么？比如，喜欢。或者相反，在他们强调了不同的需求时又会发生什么？比如，控制着不想被喜欢。

一方面，正如你很可能已经推测到的那样，不相容的人际交往需求可以回答一系列问题，从不同的角度看待人际关系，到缺乏需求满足感和争执。另一方面，研究已经证实，合得来的人会更喜欢彼此，也会一同工作得更好。[25]

> **管理者实用技巧**
>
> 通过识别你自己和他人的人际需求，你会通过定义事件、让他人有机会满足他们的需求、将自身行为做适当的调适以符合他人的需求等来增加你的人际交往有效性。

SAQ 3：主动性调查问卷[26]

请在表 2-6 中各项的左边填写最适合你情况的答案。

表 2-6 主动性调查问卷

永远不是这样	有时是这样	经常是这样	永远是这样
1	2	3	4

_____ 1. 在工作中得到赞赏时，我的回应会比自己的实际感觉更谦虚。

_____ 2. 如果别人无礼地对待我，我会同样用无礼的方式进行回应。

_____ 3. 别人觉得我这个人很有趣。

_____ 4. 我很难面对一群陌生人大声讲话。

_____ 5. 我不介意用讽刺的手段帮助自己表达观点。

_____ 6. 如果我觉得自己的工作表现值得加薪，我会主动提出。

_____ 7. 如果我在讲话时被别人打断，我会感到不舒服，但会保持沉默。

_____ 8. 如果我在工作中受到指责，我会想尽办法予以反驳。

_____ 9. 我可以用自豪但不自满的方式讲述自己取得的成就。

_____ 10. 我经常被人利用。

_____ 11. 如果这对我有利的话，我并不介意只拣好听的说。

_____ 12. 开口求助对我来说并不困难。

_____ 13. 即使并不愿意，我还是同意出借个人物品。

_____ 14. 我通过主导讨论来赢得争论。

_____ 15. 我可以对非常在乎的人表达自己的真实情感。

_____ 16. 如果我对他人感到非常愤怒，我不会开口，而会选择闭口不言。

_____ 17. 当我对他人的工作进行批评时，对方会感到生气。

_____ 18. 我很会维护自己的利益。

SAQ 3 评分标准

SAQ 3 主要测评你的人际交往的风格，判断你在被动性、攻击性和主动性行为方面所处的位置。[27] 被动性行为具有自我压抑性和服从性。在被动性行为类别中得分较高的人希望尽量避免冲突，并经常为了满足别人的希望而压抑自己的需求和感受。而攻击性行为则相反，强调霸道专横，好胜进取，以个人为中心，并不考虑他人的感受和需求。在攻击性行为类别中得分较高的人总是公开表达自己的想法和感受，主动维护个人权益，而其表达的内容也容易使他人产生共鸣。在主动性行为类别中得分较高的人虽然讲话更加直接，但也对他人的需求十分敏感。

你在 SAQ 3 所做的回答能够帮助你获得自己的主动性风格评分。1、4、7、10、13、16 的得分总和是你的被动性行为方面的得分。请将得分记在本章末尾处。2、5、8、11、14、17 的得分总和是你的攻击性行为方面的得分。你的主动性行为方面的得分是 3、6、9、12、15、18 的得分总和。请将得分记在同样位置后面的两个空格内。每个空格内的得分将在 6 分至 24 分之间。

SAQ 3 得分解读

SAQ 3 评测你的主动性程度。你也许在想，你是否在人际交往中过于被动，过于具有攻击性，或者十分主动。过高的被动性得分预示着你不愿意面对问题。由于你希望满足他人的要求，在他人眼中你很可能会成为一个可以被轻易欺负的对象。但被动性行为有时也会显得有用且适用。比如在并不紧急的某件事或者某种情况下，在你希望听取别人的意见时，或者你希望在某件事上保持低调时，均可采用被动性方式进行沟通。

攻击性行为得分太高也会造成一定的问题。攻击性行为者有时会将自己的观点与感受强加于对方，而忽略对方的需求与权益。因此，你有可能被人称为"小独裁者"。你命令对方与主宰对方的需求可能会被对方认为过于好胜和自私。如果你沟通的对象因此感觉无法承受，开始有戒心，并开始生气的话，沟通就会戛然而止，有时甚至会导致双方人际交往关系的终止。但当你正在和曾经不尊重你或曾经利用你的人相处，或者当你认为你必须清楚地表达你的观点或对方必须要认同你的观点时，攻击性沟通方式就会显得合理而有用。

你在主动性测试上得分越高，你就会越开朗、健谈，你处理问题就会多用直接的解决方式。你将自己的意思表达出来，但你并不粗鲁无礼。你能体会他人的感受，并能认真倾听他人的观点。通常来说，主动性是一项良好的性格特点，有助于谈话双方开展高效的沟通。Bowen[28]认为，被动性和攻击性行为均不利于人际交往，因为这两类行为均未鼓励开诚布公和认真聆听。Bowen 认为，主动性行为才是真正合理的沟通方式。主动性行为提升了沟通质量，因为你越主动，你沟通的对象就会越受到鼓励，从而变得更加主动。主动性行为也能提升沟通效率，因为主动性行为也抑制了自我保护、主宰、平息他人怒火、举棋不定等各种阻碍性行为的发生。

我们并没有仔细地讨论被动性行为和攻击性行为，因为这并不是合适的沟通方式。但在主动性的前提下来讨论被动/攻击性行为是否合理呢？被动/攻击性行为原本是没有冲突的——在这两种行为中并不产生争论或不同意见。但一个被动/攻击型的人也许会改用攻击性行为表达自己先前被动接受的观点。有些时候，选择采用被动/攻击性方式的人并不敢于公开质疑对方。有些人则认为自己的立场或工作会因自己的诚实而受到不良影响。举例来说，一个被动的攻击者也许会先答应为你做一场报告（其实他们本人并不情愿），然后选择"忘记"出席，你却因为没能完成工作而受到指责。你可以通过对比对方的言语和行动来寻找对方言行不一致的地方。如果对方的行动是伤害人的、有害的、不利的，那么对方也许正在选择使用被动/攻击性行为，在装作不知情的前提下试图伤害你。[29]

管理者实用技巧

想要合理地选择沟通模式并控制各种情况，首先你需要设计一系列应对方式，并理解每种应对方式在各种情况下的相对效果。事实上，各种沟通方式都可能在某一时刻、某一前提或某一情况下非常有用。你需要了解自己常用的回应方式，但也需要了解其他的回应方式，并根据当时的具体情况来选择你的应对手段。

SAQ 4：大五人格测试问卷[30]

表 2-7 中的各种人格描述也许符合你的情况，也许不符合。请在每种描述的左边填写你认为自己的人格与描述的词条在多大程度上相似或不同。请按照以下规定，选择相应数字进行表达。即使你对某些词条中的某个词汇的认同程度高于另一个词汇，也请使用下列数字中的一个来描述你的情况。

表 2-7　大五人格测试问卷

1 = 非常不同意；2 = 有些不同意；3 = 略微不同意；4 = 既不认可也不反对；5 = 略微同意；
6 = 有些同意；7 = 非常同意

我认为我是一个这样的人：

_____ 1. 外向的，热情的

_____ 2. 批判的，好争斗的

_____ 3. 可靠的，自律的

_____ 4. 焦虑的，容易生气的

_____ 5. 热爱新体验的，复杂的

_____ 6. 内向的，安静的

_____ 7. 有同情心的，善良的

_____ 8. 没有条理的，漠不关心的

_____ 9. 冷静的，情绪稳定的

_____ 10. 传统的，没有创意的

SAQ 4 评分标准

你在每项人格特质上的得分是两组形容词得分的平均值。其中一组形容词的评分标准采用反向得分制。每项评分标准见下文，R 指采用反向得分的词条组。

外倾性：1，6R；亲和性：2R，7；可靠性：3，8R；情绪稳定性：4R，9；开放性：5，10R。请按如下方法获得你的大五人格测试评分：[31]

1. 为带 R 的词条组 2、4、6、8、10 进行反向评分（如选 7，得 1 分；选 6，得 2 分；选 5，得 3 分；以此类推）。

2. 取两词条得分的平均值（即一个词条取选项得分值，另一词条取反向得分值）。

例如：某测评人在第 1 词条（外向的，热情的）选 5，得 5 分，在第 6 词条（内向的，安静的）选 2。请首先将第 6 词条的得分翻转，即得到 6 分。再将词条 1 的得分和反转过后的词条 6 的得分相加并取平均值。由此得到该测评人在外倾性人格领域的得分为：（5 + 6）/2 = 5.5。

3. 将你在大五人格测试中的每一个人格特质得分填入本章后面的对应位置。

SAQ 4 得分解读

人格描述了一个人通过社会与环境互动而继承和获得的一套相对稳定的行为、情感和认知特点。[32]人格在不同的时间和情景下保持相对稳定：一个在课堂上表现羞涩的人在工作场所也许也同样羞涩。虽然人们的性格特点多种多样——如外向的，内向的，失控的，自制力强的，有亲和力的，主动的，羞涩的，自信的——但研究人员发现，人类的性格可以基本归于大五人格特质。这五个人格模型中的一些人格特质是天生的，而另一些则可以通过培训和主动尝试等得到修正。请阅读每项性格特点的简介，并根据自己的得分与表 2 - 8 中的平均得分进行比对。

表 2 - 8 大五人格分析

性格特质	得分	平均分	性格特点	
			高于平均值	低于平均值
情绪稳定性	＿＿＿	4.44	安全感强，很少有负罪感	紧张，焦虑
外倾性	＿＿＿	5.23	主动，人际交往能力强	内向，有所保留
开放性	＿＿＿	5.40	充满好奇，兴趣广泛	保守，谨慎
亲和性	＿＿＿	4.83	无私，相信别人	充满怀疑，爱质疑
可靠性	＿＿＿	5.38	可靠，有条理	没有条理，多变

注：表中出现的平均分是在 1813 名受访者的测评结果基础上得出的。[33]

外倾性 主要反映个人性格的社会性或反社会性，开朗或害羞，主动或被动，活跃或不活跃，以及健谈或安静程度。在这一特质上取得高分的人相对外向，反之则较为内向。

亲和性 主要反映个人性格的友善或冷漠，合作性或戒备性，灵活或不灵活，信任或谨慎，平静或情绪多变，心软或强硬，以及容忍或批判程度。在这一特质上得分较高的人通常比较亲和，容易与他人合作；而得分较低的人则通常容易与他人起分歧，不容易一起工作。

情绪稳定性 主要反映个人的情绪稳定程度。它主要描述一个人在特定情况下是否能使用相同的应对方式，是本能反应还是经过考量后做出反应，是站在个人角度应对还是站在客观角度应对等。在这一特质上得分较高的人通常较为平静、稳定，态度积极，可以很好地管理自己的愤怒情绪，有安全感，快乐并客观；而得分较低的人容易感到焦虑、压抑、愤怒，没有安全感，担忧并情绪化。

可靠性 主要反映个人的可信任或反复无常，可堪大任或不可依靠，遵信守诺或容易食言的程度。在这一特质上得分较高的人经常被认为是认真、全面、有条理、有毅力，以结果导向，努力并重承诺的人；而得分较低的人通常不注意细节，对人或事漠不关心，不尊重他人，没有动力、没有条理，并且容易放弃。

开放性　主要反映个人在多大程度上喜欢开阔视野或喜欢自我限制，喜欢学习新事物或因循守旧，喜欢结识新朋友或仅与老友相处，喜欢去探索新地点或待在已知场所。在这一特质上取得高分的人通常被认为是博学、开放、充满好奇心、充满想象力和有良好文化教养的人；而得分低的人通常思维狭隘，对外面的世界缺乏兴趣，面对未知情景时感到非常不适。

管理者实用技巧

你可以通过了解员工的性格特质来理解他们的行为举止。这能帮助你组建一支性格互补的团队，指派合适的责任给每名队员，制定并实施有效的激励措施。

SAQ 5：认知方式测试问卷[34]

请针对以下每道题二选一。如你觉得两种答案皆是，请选择与你的情况更接近的一项，哪怕只是稍稍接近。

1. 我宁可_____。

   A. 解决一个复杂的新问题

   B. 处理已经解决过的问题

2. 我喜欢_____。

   A. 在一个安静的地方独自工作

   B. 在政策得到切实执行的地点工作

3. 我希望我的领导能够_____。

   A. 制定相应的决策并切实地应用它们

   B. 根据具体情况进行特别处理

4. 当我在跟进一个项目时，我通常_____。

   A. 希望能通过某一种方式来正式结束这个项目

B. 希望能让项目保持在进行状态，以便随时做一些变化

5. 做决策时最需要考虑的是_____。

　　A. 理性思考，想法与数据

　　B. 人们的感受与价值观

6. 在项目中，我倾向于_____。

　　A. 在决定开始工作之前仔细思考

　　B. 马上着手开展工作，边做边想

7. 在项目中，我更喜欢_____。

　　A. 尽可能控制一切

　　B. 寻找更多选择

8. 我在工作中更喜欢_____。

　　A. 同时跟进多个项目，在每个项目上学习尽可能多的知识

　　B. 跟进一个项目，这个项目应该充满挑战性并让我很忙碌

9. 我经常会_____。

　　A. 在开始做一件事之前写出计划和注意事项，在做好计划之后讨厌对
　　　 其进行修改

　　B. 避免做计划，随着我的工作进度自然发展

10. 当我与同事们讨论一个问题时，我比较容易_____。

　　A. 总览全局

　　B. 抓住细节

11. 当有人拨通我的办公室或家庭电话时，我经常感到_____。

　　A. 自己被打扰了

　　B. 不介意接电话

12. _____更适合我。

　　A. 理性分析

　　B. 感情用事

13. 在完成一项任务时，我倾向于_____。

　　A. 以平稳持续的节奏工作

　　B. 倾尽全力工作，精力耗尽后会进入一段恢复期

14. 当听到别人在谈论一个话题时，我通常试图_____。

　　A. 联系自己的情况，看是否符合

　　B. 对他的言论进行评估与分析

15. 当想到新点子时，我通常_____。

　　A. 马上开始实施

　　B. 希望能进一步充实这个想法

16. 在跟进项目时，我更希望_____。

　　A. 缩小项目范围至清晰具体

　　扩大项目范围，使其包含各个相关方面

17. 当读到一些内容时，我经常_____。

　　A. 将思路集中到所写内容上去

　　B. 努力抓住文章内涵，并发散至其他想法

18. 当我需要迅速做出一个决定时，我经常_____。

　　A. 感到很不舒服，希望自己能有更多的参考信息

　　B. 可以根据现有信息做出决定

19. 在会议中，我经常_____。

　　A. 一边讲话一边继续构建自己的想法

　　B. 在开口讲话之前必须仔细将思路理清

20. 在工作中，我经常花很多时间在_____。

　　A. 想法上

　　B. 人上

21. 会议中，当有人_____时，我会感到生气。

　　A. 提出一些很模糊的想法

B. 关注细枝末节而使会议延长

22. 我更喜欢_____。

    A. 早起

    B. 晚睡

23. 在准备会议时，我通常的做法是_____。

    A. 可以临场做出回应

    B. 喜欢做万全准备，经常会起草一份会议大纲

24. 在会议中，我更喜欢_____人员。

    A. 表达出各类感情的

    B. 以任务为导向的

25. 我更喜欢为_____的组织工作。

    A. 充满了智力上的挑战

    B. 我认同组织的目标与使命

26. 我在周末来临前倾向于_____。

    A. 提前做好计划

    B. 到时再看，临时决定

27. 我相对来说是一个_____。

    A. 开朗的人

    B. 爱思考的人

28. 我更希望为_____领导工作。

    A. 充满新想法的

    B. 实际的

在以下几题中，在每一个词条组中选择你更喜欢的词汇。

29. A. 社交的

    B. 理论的

30. A. 别出心裁的

    B. 实际的

31. A. 有条理的

   B. 灵活的

32. A. 活跃的

   B. 集中的

SAQ 5 评分标准

按照你的选择，在表 2 - 9 中对应的栏计分，每题计 1 分。

表 2 - 9　计分表

I栏	E栏	S栏	N栏
2 A	2 B	1 B	1 A
6 A	6 B	10 B	10 A
11 A	11 B	13 A	13 B
15 B	15 A	16 A	16 B
19 B	19 A	17 A	17 B
22 A	22 B	21 A	21 B
27 B	27 A	28 B	28 A
32 B	32 A	30 B	30 A

I栏总分_____　　E栏总分_____　　　　S栏总分_____　　N栏总分_____

请圈出得分更多的一栏：I 或 E　　　　　　请圈出得分更多的一栏：S 或 N

T栏	F栏	J栏	P栏
3 A	3 B	4 A	4 B
5 A	5 B	7 A	7 B
12 A	12 B	8 B	8 A
14 B	14 A	9 A	9 B
20 A	20 B	18 B	18 A
24 B	24 A	23 B	23 A
25 A	25 B	26 A	26 B
29 B	29 A	31 A	31 B

T栏总分_____　　F栏总分_____　　　　J栏总分_____　　P栏总分_____

请圈出得分更多的一栏：T 或 F　　　　　　请圈出得分更多的一栏：J 或 P

你的四种认知方式得分为：

I 或 E_____　　　S 或 N_____　　　T 或 F_____　　　J 或 P_____

SAQ 5 得分解读

分析：认知方式[35]　迈尔斯 – 布里格斯性格分类指标（MBTI）是以卡尔·荣格（Carl Jung）所提出的人类性格分类理论为基础的模型。刚才你所做的测验就是性格分类指标中一种基础的认知方式评测。荣格的理论划分了在四种认知作用下的不同倾向。第一种类型是对能量的倾向。外向型的人关注外部世界，而内向型的人关注个人内在世界。第二种类型是对信息的理解倾向，也就是外部感觉与内部直觉的对比。第三种类型是判断依据的倾向，是思考与感觉的对比。第四种类型是建构方式倾向，指灵活建构与有计划地建构的对比。图 2 - 4 对这些不同的类型做了简述，本章也会对此做更详细的介绍。

每个人的工作和生活方式都在很大程度上受到他在认知功能上的倾向性的影响。虽然它们不是唯一的决定因素，但在人类交往中扮演了非常重要的角色。人类在能量关注、信息理解、决策和建构上的倾向在下文中被概括为一个连续集内的一些节点。在实际生活中，一个人的认知倾向可以是两个节点间连续集上的任意一点。

E = 外向型倾向（Extrovert Preference） 喜欢与其他人和事物保持联系	或　I = 内向型倾向（Introvert Preference） 喜欢自处，独立完成任务
S = 感觉型倾向（Sensing Preference） 重视事实、细节和切实的知识	或　N = 直觉型倾向（Intuition Preference） 重视可能性、想象力、创造力，喜欢从 全局角度看问题
T = 思考型倾向（Thinking Preference） 重视逻辑分析和理性分析	或　F = 情感型倾向（Feeling Preference） 重视价值观，建立友情，根据信仰和个 人喜好做决定
J = 判断型倾向（Judging Preference） 重视做出决策和解决问题	或　P = 理解型倾向（Perceiving Preference） 重视收集尽可能多的信息和数据

图 2 - 4　四种认知功能中的不同倾向

通过图 2 - 4，大家可以看到倾向型词语的首字母成了这一词条的缩写，唯一的一个例外是直觉型倾向，为了不与内向型倾向冲突而选用了 N 做缩写。在下文中，这些缩写字母被用在代表人际交往倾向的 16 个组合中，我们将一一讨论这些组合所代表的含义。

内向与外向 内向型的人喜欢分析和探索自己的内心世界。他们的心中被自己的想法和思考占据。[36]内向型的人常让周围的人感觉有些笨拙和压抑，这实际上是因为内向型的人的优点通常只有非常亲近的人才能体会到。内向型的人完成得好的工作通常是出自个人意愿，不受外人影响。他们不受大众观点或者公众舆论的影响。在工作场合，内向型的人希望能在一个安静的环境中集中精神，关注细节，在开始行动之前会谨慎思考，对独自工作感到很满意。

而外向型的人则对外部世界显示了极大的兴趣。他们希望加入其他人的小群体，经常对周遭环境予以关注，重视培育友情，结识新朋友，重视个人形象。在工作中，外向型的人喜欢多样性，喜欢采取行动，节奏快，不喜欢复杂的流程，对需要长时间、慢节奏完成的工作显得不太耐烦，关注工作结果，迅速采取行动（有时在行动前并不会想太多），而且通常"沟通效果良好"。[37]

但没有人是"绝对意义"上的某一个类型。我们都在外向型（E）和内向型（I）之间有自己的一个平衡点，但我们通常会更倾向于某一个性格类型。既然人际交往技能是与人接触的技能，那么一定程度上的外向是有帮助的。但是如果过于外向，也可能会起到反作用——你有可能会失去方向和个人性格，或者开始有过多的从众心理。

理解信息 这一类型主要反映人们对想法、事实和事件的认知和处理方式。当使用感觉型的思考模式时，认知是完全建立在五感之上的。因此，此类人重视当下和实际问题，希望凡事都整齐有序、准确清晰。他们的工作节奏平稳，按照习惯进行，几乎很少在事实的问题上出纰漏，也几乎从不相信自己有突发的灵感。

直觉型的思考模式很难与感官体验联系起来，更多地涉及潜意识层面上的信息处理。在此类人的潜意识里，想法和思路常常突然出现，为当前的形式带来另一个可能性。直觉型的人重视未来，通常高瞻远瞩，用创新的想法为他人带来灵感。当其他人跟上直觉型的人之前的想法时，他们早已开始琢磨下一个想法了。实际上，直觉型的人很难忍受日复一日的日常工作。在他们完全掌握了一项工作之后，他们就开始着手下一项工作了。直觉型的人同样喜欢解决新问题，在一项工作上容易倾尽全力，也容易很快下结论，对复杂的情况没有耐心，不喜欢在准确的细节上做太多纠缠，并且相信自己的灵光一现——不管是好还是坏。

做出判断　就像人们有两种理解信息的方式一样，人们也有两种做出判断的方式：依靠思考或者依靠情感。思考是一个充满逻辑性和分析性的过程。人们在思考的过程中寻找客观事实，在是非对错间做出抉择。对于思考型的人来说，原则比人情更重要，他们对于一些无法用知识理解的情景会感到很难接受。[38]思考型的人喜欢分析，希望按照逻辑顺序来处理事务。他们相对来说不是那么情绪化，对人们的感受不是特别关心。因此，思考型的人有时会在无意识的情况下伤害他人的感情。如果有必要的话，思考型的人不介意训斥甚至解雇别人，有时甚至会显得有些铁石心肠。虽然思考型的人需要被公平对待，但在不太和谐的气氛下他们也可以应对自如。

相对地，情感型的人更自我、更主观，依靠好与坏、喜欢或不喜欢来做出判断。思考依据客观条件，而情感则依据个人价值观。情感和情绪并不一样，因为情感型判断是一种精神衡量的过程，并不是感官回应。情感型的人依靠主观判断生活，而主观判断的依据主要来源于他的价值观体系。对于外向型的人来说，这一体系来源于社会价值体系；而对于内向型的人来说，这一价值体系来源于个人价值观。

建构　这一类型主要反映人的性格是更倾向于愿意在不断接受新信息的基础上灵活做出决定，还是快速做出决定后规划一切。比如，当一个人以开放的心态接受解释时，这个人就更倾向于理解（灵活）。相对来说，如果一个人能够很快地做出是否同意某一观点的决定，那么这个人就倾向于判断（组织）。

这两种倾向之间主要的区别在于忽视了哪一种过程。若要进行判断，就必须停止理解过程，必须在消化所有已知的事实后再做出决定。相对地，若要继续理解过程，就要暂时停止判断，因为在这个过程中，已知数据不够，并且新情况随时有可能发生。

理解型的人享受生活，而判断型的人主宰生活。每一种倾向都有用，但如果一个人能自如地在两种倾向之间切换的话，效果则会更好。纯理解型的人就像一艘挂满帆但没有舵的船。而纯判断型的人就像一个没有内容的支架。

根据 SAQ 5 的得分，你可以在图 2 - 5 中找到描述自己的四词人格。每个四词人格后都列出了相关的典型特征。

认知方式测试将人们分成：外向型或内向型（E 或 I），感觉型或直觉型（S 或 N），思考型或情感型（T 或 F），以及理解型或判断型（P 或 J）。四类共同构成了 16 种认知方式类型（如，INTJ，ENTP）。请找到你的认知方式类型：

ISTJ. 你很有条理，有强迫症，注重个人隐私，可信赖，脚踏实地。

ISFJ. 你很忠诚，招人喜爱，情愿为了大我牺牲小我。

INFJ. 你擅长思考，经常内省，有创造力，经常沉默思索。

INTJ. 你经常抱着怀疑、批判的态度，独立，坚定，有时有些固执。

ISTP. 你很有观察力，冷静，实在，非常实际。

ISFP. 你很热情，敏感，谦逊，有艺术气质。

INFP. 你很沉默，有创造力，非常理想主义。

INTP. 你对社会交往很谨慎，喜欢解决问题，对事物高度概念化。

ESTP. 你很外向，喜欢活在当下，不拘一格，灵活多变。

ESFP. 你很喜欢与人交往，喜欢有趣的事物，灵活，非常慷慨。

ENFP. 你很懂得以人为本，有创造力，非常乐观。

ENTP. 你很有创新精神，个人主义，多才多艺，有企业家精神。

ESTJ. 你很实际，逻辑思考能力和分析能力很强，做决定很快，拥有天生的企业家头脑，喜欢整理工作和运营工作。

ESFJ. 你很宽厚，有很好的人际交往技能，喜欢取悦他人。

ENFJ. 你很有人格魅力，有同情心，很有说服力。

ENTJ. 你很外向，有远见，很会据理力争，无法容忍没有能力的人和事。别人通常认为你是一个天生的领袖。

图 2 - 5　不同认知类型的特点

管理者实用技巧

MBTI 为领导者的日常聘用、定岗和解雇事务提供了决策指南。了解各类员工的人格特征对团队建设和员工个人发展也很有帮助。领导者参考此类知识可以学会如何高效地将工作指令下达给各类员工，也可以了解每类员工最适合什么类型的工作任务。

SAQ 6：控制点测试问卷[39]

请在以下每题的两个选项中圈出你更加认可的一项。

1. A. 人生中的不如意多因为运气不好。

   B. 人生中的不如意多因为自己行事有误。

2. A. 世界上有战争的原因是人们对政治的兴趣不够高。

   B. 不管人们多么努力地阻止，这个世界还是永远会有战争。

3. A. 长远来说，人们能获得自己应得的尊重。

   B. 不管一个人怎么努力，他的价值仍然经常得不到认同。

4. A. 教师对学生不公的想法是愚蠢的。

   B. 学生们经常意识不到，无意中发生的一些事对他们的最终得分会有多大程度的影响。

5. A. 要做一位高效的领导者，就必须有适当的休息期。

   B. 一个能干的人只要有机会就能变成领导。

6. A. 不管你怎么试，有些人就是不喜欢你。

   B. 只要你明白如何与他人相处，绝大多数人都会喜欢你。

7. A. 相信该来的总会来。

   B. 听信天命的结果有时不如付诸行动好。

8. A. 只要学生好好准备了，几乎不存在不公平的考试这一回事。

    B. 考试问题通常与课本无关，学习简直没用。

9. A. 只有努力才能成功，运气几乎无关紧要。

    B. 要想得到好工作，主要靠的是在合适的时间到了合适的地点。

10. A. 普通老百姓也能影响政府决策。

    B. 有权的人主宰世界，小市民的影响微乎其微。

11. A. 当我做计划的时候，我相信自己一定能够顺利完成。

    B. 做计划不是一个明智的选择，因为事情的发展归根结底要靠运气。

12. A. 就我本人来说，要想得到自己想要的东西，我几乎不依赖运气。

    B. 很多情况下，我们其实可以靠掷硬币来做决定。

13. A. 发生在我身上的事都是我一手招致的。

    B. 我对我的人生走向控制的程度不够。

SAQ 6 评分标准与得分解读

    若 2、3、4、8、9、10、11、12、13 题选 A，每题各计一分。若 1、5、6、7 题选 B，每题各计一分。如果你的得分在 6 分或以下，证明你是一个内控型的人。这也就是说，你相信你要对自己的所作所为负责。如果你的得分在 7 分或以上，证明你是一个外控型的人。这也就是说，你通常相信不受你控制的外部力量决定了你现在的状态与生活。这一测试的得分区间为 0 ~ 13 分。得分越极端，你对自己能够/不能够掌控自己生活状态的信念就越极端。如果你的得分比较居中，证明你在这两种可能性之间有些摇摆不定。

    研究表示，内控型的人更加能够控制自身的行为举止，更有动力达成目标，更愿意加入社交活动。内控型的人比外控型的人更容易抓住领导机会，以此影响他人。外控型的人更喜欢要求遵守一定工作流程的工作。他们更愿意从他人处接受指令，而不太愿意自己负责。[40]

> **管理者实用技巧**
>
> 　　如果你是一名领导者（或者正努力成为一名领导者），那么你很可能是一名内控型的人。也许对你来说很难想象，还有一部分人并不认为自己能够主宰自己的命运。你需要认识到这个世界上确实存在着很大一部分外控型的人，你在和他们打交道时需要采取一种不同的方式。比如，当你把工作交给内控型的人时，你需要向他们解释工作目标，并让他们自己决定如何更好地完成工作；而对于外控型的人，你需要详细地向他们解释工作，为他们制定多个自我检查点，给他们充足的时间做自我检查和向你提问，并且让他们确信能够完成任务。

SAQ 7：A 型人格测试问卷[41]

请在表 2 - 10 的各题中选择较适合你的情况的选项。

表 2 - 10　A 型人格测试问卷

是　否	
____ ____	1. 当你有压力时，你是否马上采取行动以减轻压力？
____ ____	2. 有没有人说过你吃饭太快了？
____ ____	3. 如果有人说了半天话还是词不达意，你是否会为了节约时间而替他把话说清楚？
____ ____	4. 你是否发现自己有时同时在做好几件事，如一边工作一边吃饭、一边读书一边穿衣服、一边开车一边想事？
____ ____	5. 当你正在做一件重要的事情被人打断时，你是否会觉得烦躁？
____ ____	6. 你与人有约时是否总是准时赴约，或者早到一些？
____ ____	7. 如果在餐厅、商店或邮局这类地方必须要排队等候，你是否会感觉不耐烦？
____ ____	8. 在工作和其他活动中面对竞争时，你是否会觉得很享受，很有动力？
____ ____	9. 你是否认为自己是个努力、争强好胜的人？
____ ____	10. 你身边的人有没有认为你"过于活跃"，并建议你"放慢节奏"？
____ ____	11. 和你相熟的人是否认为你很容易生气？
____ ____	12. 你周围的人是否认为你做大部分事情的时候都慌慌张张？

（续）

是	否	
____	____	13. 你身边的人是否认为你比别人更加精力旺盛？
____	____	14. 你是否很享受竞争，并喜欢尽力去取得胜利？
____	____	15. 你在忙了一天之后，是否很难放松下来？
____	____	16. 你是否认为高管能取得今天的地位靠的是努力，而不是他们的社交能力和"天时地利"的运气？
____	____	17. 你在工作忙碌时，是否平均每周工作或学习50小时以上？
____	____	18. 你是否平均每周至少一次计划外的工作或学习（如晚上或者周末）？
____	____	19. 你是否每周至少有一次把工作或者学习带回家，在晚上或者周末做？
____	____	20. 你是否特意早起或者晚睡来做更多的工作？
____	____	21. 你是否至少推进两个以上的项目并不停地在两个项目间切换处理？
____	____	22. 你是否不管在公司还是在家都习惯为自己设定期限或工作量？
____	____	23. 比起提前计划假期，你更喜欢等有空了再临时决定休假？
____	____	24. 在过去三年内，你休假的天数是否少于应得的假期数，或者是否曾在假期内完成过学期论文？
____	____	25. 你是否曾经同时兼职两份或以上的工作，或者一边全日制上学一边做兼职工作？

SAQ 7 评分标准

将你选"是"的题目数量相加，就能得到你的 A 型人格测试的总分。本测试中所有问题均描述了 A 型人格的特点。如果你的得分为 20 ~ 25 分，就证明你是一个极端 A 型人格的人，拥有绝大多数的 A 型人格的特征；如果得分为 10 ~ 20 分，就证明你是一个具有中度 A 型人格的人，拥有不少 A 型人格的特征；如果得分为 1 ~ 10 分，就证明你是一个具有低度 A 型人格的人，拥有少数 A 型人格的特征；如果得分为 0，就证明你是 B 型人格，不具有 A 型人格的特征。

A 型人格分析

A 型人格的人一般都容易不耐烦，精力旺盛，争强好胜，强势，分秒必争，并且总是力争一次完成多个任务。而 B 型人格的人则从不感觉有压力，他们做事节奏要慢很多，喜欢参加众多非工作导向的活动。

因为 A 型人格的人享受在压力下工作，也会花大量时间完成大量工作，所以他们经常很快就能获得晋升，进入企业中层管理层。在大多数组织中，61%～76% 的管理人员都是 A 型人格的人。[42] 如果 A 型人格的人能感受到自己可以在很大程度上控制自己的工作环境，那么他们对工作的满意度会大大提升，工作业绩也会提升。[43]

不幸的是，A 型人格的人经常遭遇健康问题，很少有人能在整个职业生涯过程中保持良好的健康。敌意与愤怒是此类型的人性格中有害的部分，这样的性格容易导致冠心病[44]，而这也是只有很少一部分 A 型人格的人最终能在组织中登上高管位置的原因。另一个问题是 A 型人格的人很少慢下节奏来仔细地思考复杂的问题。他们确实有耐性，但通常抱有敌意，容易在工作团体内部造成压力与不适。因此，绝大多数高管实际上是 B 型人格的人，他们更有耐心，在人际交往中更容易受人喜爱，可以维持组织内部和谐的气氛。[45]

> **管理者实用技巧**
>
> 大多数 A 型人格的人都不清楚，或者拒绝承认自己的问题，也拒绝做出改变。很多人拒绝的原因是他们一直以来依靠 A 型人格行为而取得成功；其他人觉得如果寻求帮助去改变的话，也许会被人认为是示弱的表现。如果极端的 A 型人格的人再继续下去，他们的行为有可能会造成严重的社会问题。既然敌意和愤怒是造成心血管疾病的主要诱因之一，A 型人格的领导者应该对有敌意的反馈坦然处之，并着手进行改善。作为建议，A 型人格的人可以着手降低对其他人动机的怀疑，降低愤怒、烦闷和暴怒的频率和程度，并且学着善解人意地对待他人。

总结你的自我认知结果

现在你已经得到了你的学习方式、人际交往需求、主动性、大五人格因素和认知方式的测试分数。这些结果加在一起就是你的自我认知结果。每一种测试的分析内容都能帮助你解读自己的得分，并分析你在人际交往中所树立的形象。在下面的表格中总结你的自我认知结果，并准备在今后的课程中进行讨论。

第 18 页中的**学习方式**测试的结果和得分：

学习方式	
具体经验	_____
反思观察	_____
抽象概念	_____
主动实践	_____

第 25 页表 2 - 5 中的**人际关系行为倾向**得分：

人际关系行为倾向总分：_____

将你在第 25 页表 2 - 5 中的各单项得分填入下表：

需求	需要	被需要
归属	_____	_____
控制	_____	_____
喜欢	_____	_____

第 28 页**主动性**测试得分：

被动性	_____
攻击性	_____
主动性	_____

第 32 页**大五人格**测试得分：

情绪稳定性	_____
外倾性	_____
开放性	_____
亲和性	_____
可靠性	_____

第 37 页**认知方式**测试得分：

E（外向型）或 I（内向型）	_____
S（感觉型）或 N（直觉型）	_____
T（思考型）或 F（情感型）	_____
J（判断型）或 P（理解型）	_____

第 43 页**控制点**测试得分：

内控型（0~6 分）	_____
外控型（7~13 分）	_____

第 45 页 **A 型人格**测试得分：

极端 A 型（20~25 分）	_____
中度 A 型（10~20 分）	_____
低度 A 型（1~10 分）	_____
B 型（0 分）	_____

　　这些人格特征从根本上影响着你的人际关系和工作表现。[46]了解这些因素的含义并理解你的相关测试得分可以帮助你找出个人成长、工作发展，以及职业、同事匹配度的关键点。

注释

1. Adapted from S. C. de Janasz, K. O. Dowd, and B. Z. Schneider, *Interpersonal Skills in Organizations*（New York：McGraw-Hill, 2002）, pp. 12-13.

2. Peter F. Drucker, "Managing Oneself," *Harward Business Review*（March-April,1999）, p. 65.

3. Jennifer Robison, "The Essence of Real Leadership," Interview of Bill George, author of *Authentic Leadership* and *True North in the Gallup Management Journal Online*, http：// gmj. gallup. com（May 10, 2007）.

4. Thomas Mannarelli, "Charismatic, Transformation Leadership through Reflection and Self-Awareness," *Accountancy Ireland*, Vol. 38, No. 6（December 2006）, pp. 46-48.

5. Jennifer Robison, "The Essence of Real Leadership," Interview of Bill George, author of *Authentic Leadership* and *True North in the Gallup Management Journal Online*, http：//

gmj. gallup. com（May 10，2007）.

6. Thomas Mannarelli，"Charismatic，Transformation Leadership through Reflection and Self-Awareness，"*Accountancy Ireland*，Vol. 38，No. 6（December 2006），pp. 46-48.

7. Ibid.

8. Hugh McIntosh，"Solitude Provides an Emotional Tune-up，"*APA Monitor*，Vol. 27，No. 3（March 1996），pp. 9-10.

9. Ideas about how to keep and apply a journal for optimal results can be found in M. Csikszentmihalyi，*Flow*：*The Psychology of Optimal Experience*（New York：Harper & Row，1990）.

10. Reyhan Harmanci，"Time to Get a Life—Pioneer Blogger Justin Hall Bows Out at 31，"*San Francisco Chronicle*（February 20，2005）. Retrieved on June 9，2006.

11. Mallory Jensen，"A Brief History of Weblogs，"*Columbia Journalism Review*，No. 5（September/October 2003），http：//cjrarchives. org/issues/2003/5/blog-jensen. asp?

12. Ibid. ，p. 66.

13. Ibid. ，pp. 66-67.

14. It should be noted that these assessment instruments have all been validated in North American cultures and that the implications drawn are predominantly oriented for North American business organizations. Different implications may be drawn for managers in countries outside of North America.

15. This assessment is adapted from W. Bloisi，C. W. Cook，and P. L. Hunsaker，*Management and Organisational Behaviour*，Second European ed.（New York：McGraw-Hill/Irwin，2007），pp. 161-163. It is based on the abilities identified in David Kolb's model of experiential learning described in Joyce S. Osland，David A. Kolb，Irwin M. Rubin，and Marlene E. Turner，*Organizational Behavior*：*An Experiential Approach*，8th ed.（Upper Saddle River，NJ：Prentice Hall，2007），pp. 52-61.

16. See Joyce S. Osland，David A. Kolb，Irwin M. Rubin，and Marlene E. Turner，*Organizational Behavior*：*An Experiential Approach*，8th ed.（Upper Saddle River，NJ：Prentice Hall，2007），pp. 52-61，for a more comprehensive description of learning styles and their development by David Kolb.

17. Ann C. Backer，Patricia J. Jensen，and David A. Kolb，"Conversational Learning：An Experiential Approach to Knowledge Creation，"in A. Baker，P. Jensen，and D. Kold，*Conversational Learning*：*An Experiential Approach to Knowledge Creation*（Westport，CT：Quorum Books，2002）.

18. A total of 1 876 entries appear in the 2005 *Experiential Learning Theory Bibliography* by Alice Kolb and David A. Kolb（Cleveland，OH：Experience Based Learning Systems，2005）. See www. learningfromexperience. com.

19. David A. Kolb，"Management and the Learning Process，"*California Management Review*，Vol. 18（Spring 1976），pp. 22-31.

20. Charalampos Mainemelis，Richard Boyatzis，and David A. Kolb，"Learning Styles and Adaptive Flexibility：Testing Experiential Learning Theory，"*Management Learning*，Vol. 33（2002），pp. 5-33.

21. William C. Schutz, *FIRO: A Three Dimensional Theory of Interpersonal Behavior* (New York: Rinehart & Co., 1958). Permission granted from the author for historical purposes only. FIRO-B has been recently revised and updated. Its replacement, ELEMENT B, is described in Will Schutz, *The Truth Option* (Tenspeed, 1984), and is available from WSA, Box 259, Muir Beach, CA 94965. Items in this instrument are not to be reproduced.

22. William C. Schultz, *FIRO: A Three Dimensional Theory of Interpersonal Behavior* (New York: Rinehart & Co., 1958).

23. D. A. Whetten and K. S. Cameron, *Developing Management Skills*, 5th ed. (Upper Saddle River, NJ: Prentice Hall, 2002), pp. 78-79.

24. R. E. Hill, "Interpersonal Needs and Functional Areas of Management, "*Journal of Vocational Behavior*, Vol. 4 (1974), pp. 15-24.

25. N. J. Dimarco, "Supervisor-Subordinate Life Style and Interpersonal Need Compatibilities as Determinants of Subordinate's Attitudes Toward the Supervisor," *Academy of Management Journal*, Vol. 17 (1974), pp. 575 – 578; W. W. Liddell and J. W. Slocum, Jr. , "The Effects of Individual-Role Compatibility Upon Group Performance: An Extension of Schutz 's FIRO Theory," *Academy of Management Journal*, Vol. 19 (1976), pp. 413-426.

26. Douglas T. Hall, Donald D. Bowen, Roy J. Lewicki, and Francine S. Hall, *Experiences in Management and Organizational Behavior*, 2nd ed. (New York: John Wiley & Sons, 1982), p. 101. With permission.

27. Donald D. Bowen, "Toward a Viable Concept of Assertiveness," in D. T. Hall, D. D. Bowen, R. J. Lewicki, and F. S. Hall (eds.), *Experiences in Management and Organizational Behavior*, 2nd ed. (New York: John Wiley & Sons, 1982), pp. 414-417.

28. Ibid.

29. Joni Rose, "Communication Styles: Aggressive, Passive, Passive-Aggressive or Assertive Communication. " http: //trainingpd. suite 101. com/article. cfm/communication _ styles # ixzz0kjpZTuos (January 21, 2007).

30. The questionnaire and norms used in this section are from Gosling, S. D. , Rentfrow, P. J. , and W. B. , Jr. , Swann. "A Very Brief Measure of the Big Five Personality Domains," *Journal of Research in Personality*, 37 (2003), pp. 504-528. There are used with the authors' permission.

31. If you are looking for a quick way to compute and display your Big Five scores, Daniel DeNeui has created an excle spreadsheet that computes your scores and plots them alongside the norms in the Big Five Interpretation Sheet. To obtain this spreadsheet, go to http: //homepage. psy. utexas. edu/ homepage/faculty/gosling/scales_we. htm#TenItemPersonalityMeasure TIPI.

32. This definition is adapted from S. F. Maddi, *Personality Theories: A Comparative Analysis* (Homewood, IL: Richard D. Irwin, 1980), p. 10.

33. S. D. Gosling, P. J. Rentfrow, and W. B. , Jr. , Swann (2003). "A Very Brief Measure of the Big Five Personality Domains," *Journal of Research in Personality*, 37, p. 526.

34. Dorothy Marcic, *Organizational Behavior: Experiences and Cases*, 3rd ed. (New York: West Publishing Company, 1992), pp. 9-12.

35. Adapted from Charles Margerison and Ralph Lewis, "Mapping Managerial Style," *International Journal of Manpower*, *Special Issue*, Vol. 2, No. 1, 1981, pp. 2-20; Stephen P. Robbins, *Self-Assessment Library*, 2nd ed. (Upper Saddle River, NJ: Prentice Hall, 2004), pp. 3-7; Dorothy Marcic, *Organizational Behavior: Experiences and Cases*, 3rd ed. (New York: West Publishing Company, 1992), pp. 9-12.

36. Carl Jung, *Psychological Types* (Princeton, NJ: Princeton University Press, 1971).

37. I. B. Myers, *The Myers-Briggs Type Indicator Manual* (Princeton, NJ: Education Testing Service, 1962).

38. Carl Jung, *Psychological Types* (Princeton, NJ: Princeton University Press, 1971).

39. Derived from J. B. Rotter (1996) "Generalized Expectancies for Internal versus External Control of Reinforcement," *Psychological Monographs*, 80 (1, Whole No. 609), pp. 1-28.

40. P. E. Spector, "Behavior in Organizations as a Function of Employee's Locus of Control," *Psychological Bulletin* (May 1982), pp. 482-497; H. M. Lefcourt, "Durability and Impact of the Locus of Control Construct" *Psychological Bulletin*, 112 (1992), pp. 411-414.

41. Created from concepts in Meyer Friedman and Ray Roseman, *Type A Behavior and Your Heart* (New York: Knopf, 1974).

42. A. P. Brief, R. S. Schuler, and M. Van Sell, Managing Job Stress (Boston: Little, Brown and Co., 1981), p. 138.

43. C. Lee, S. J. Ashford, and P. Bobko, "Interactive Effects of Type A Behavior and Perceived Control of Worker Performance, Job Satisfaction, and Somatic Complaints," *Accdemy of Management Journal*, 33 (December 1990), pp. 870-882.

44. R. B. Williams, Jr., "Type A Behavior and Coronary Heart Disease: Something Old, Something New," *Behavior Medicine Update*, Vol. 6 (1984), pp. 29-33.

45. "Type-A Managers Stuck in the Middle," *The Wall Street Journal* (June 17, 1988), p. 17.

46. Murray Barrick and Michale Mont, "The Big Five Personality Dimensions and Job Performance: A Meta-Analysis," *Personnel Psychology* (Spring 1991), p. 11.

第三章

自我管理：阐明价值、制定目标及实施计划

自我测评：我在制订计划和目标方面的水平如何？

此练习分为两个部分。第一部分探究你制订计划的水平如何，第二部分测评你制定目标的水平如何。

第一部分：我是一个好的策划人吗？[1]

表3-1用来评估你制订计划的水平。请针对每条描述回答"是"或者"否"。

表3-1 制订计划的水平测试

描述	回答	
	是	否
1. 我的个人目标都一一清楚地写下。	———	———
2. 我大部分时间都无具体规划，任由兴之所至。	———	———
3. 我很少突然做出决定，而是常常在行动之前深思熟虑。	———	———
4. 我将台历和预约簿视为辅助工具。	———	———
5. 我将"行动"和"推迟的行动"分类整理。	———	———
6. 通常我会对我所有的计划都附以开始日期和结束日期。	———	———
7. 我常向他人征询建议。	———	———
8. 我认为所有问题都该马上解决。	———	———

第二部分：我制定目标的水平如何?[2]

针对表 3 – 2 中的描述，选出与你的做法最吻合的答案。请依照你已发生或将发生的真实行为来选择，而不是你认为应该如何行动。选出与你的情况最相符的程度。完成以后，再看一遍得分最低的题目。

表 3 – 2　制定目标的水平测试

十分不同意	不同意	中立	同意	十分同意
1	**2**	**3**	**4**	**5**

_____ 1. 我是一个主动的人，而不是一个被动的人。

_____ 2. 我预留了足够的时间和资源去学习和完成计划。

_____ 3. 我能很好地利用积蓄购买心仪的物品而不会因此破产。

_____ 4. 我很清楚自己通过受教育能够获得什么。

_____ 5. 我清晰地规划了自己的教育计划。

_____ 6. 我未来的目标是很实际的。

得分与解析

第一部分：我制订计划的水平如何?

根据第一份问卷的标准答案，一个完美的策划人会如下面这样回答问题。如果你的选择有所不同，在下面讲到技能概念的时候，你可以想想为什么你会选择不同的答案。

（1）是；（2）否；（3）是；（4）是；（5）是；（6）是；（7）是；（8）否

第二部分：我制定目标的水平如何?

这个评估会帮助你注意到个人生活当中最基础的目标制定方式。有效制定目标的几个关键因素在"技能概念"部分会进行讨论。这个简单的自我评估可以促使你形成对目标制定的思考，使之与你个人、人际关系、教育和工作环境相联系。

在前半部分评估中，我们主要关注你的个人目标制定是主动的还是被动的。第 1 题是测试你的总体行动力，第 4 题和第 5 题则举出主动行为的具体例子（如教育计划）。第 2、3 题涉及资源调动，第 6 题提出有效的目标制定基础：制定有挑战性但可达成的目标。如果你的总分在 3 分或以下，你可要认真阅读下面的内容了！

技能概念

"柴郡猫，"她（爱丽丝）问道，"请你告诉我，我该走哪条路？""这取决于你想走到哪儿。"猫说。"我无所谓走到哪儿，"爱丽丝回答。"那就无所谓走哪条路了，"猫说。[3]

与爱丽丝不同，大多数人都有想去的地方和想达成的目标。否则，你也就不会读这本书了。我们都有学校或公司下派要去完成的任务。所以，我们要明确认识到自己的身份，知晓自己想成为怎样的人，明确自己要去何处和如何去。因此，我们要知道如何确立自己的价值观和目标，并且知道如何拟好策略去实现它们。

什么是自我管理？

自我管理又叫作自我领导，是影响自己的过程。[4] 这是基于我们对目前的身份和将来的身份的设想。管理的定义是策划、组织、引导、控制他人的过程。[5] 自我管理便是策划、组织、引导、控制自己的过程。领导就是影响他人去实现某个共同目标的过程。[6] 自我领导便是影响自己去实现个人目标的过程。在练习自我管理和自我领导时，我们要首先意识到我们要获得什么成果，以及有何种途径可以利用。我们要树立自己的价值观，拟定一份个人任务清单，制定个人目标，制订实施计划，然后我们便可以用本书中提到的技巧来有效地管理自己。[7]

你的价值观是什么?

Naomi 陷入了困境。她即将拿到一所名校的 MBA 学位并有两个工作机会。一份是高薪的投行工作,另一份是帮助发展中国家贫困儿童的非营利组织的低薪工作。Naomi 的选择将会被其价值观所引导。两份工作都很吸引人。Naomi 很看重在具有挑战性的职位上挣着高薪,但她更看重用自己的能力去帮助那些需要帮助的人。她最终选择了加入非营利组织。

对生活中何为值得做的(目的)、何为实现价值的可取手段(方法)的长久的、稳定的信念,就是价值观。[8] 因为我们的价值观决定了我们对事物的是非、轻重、取舍的判断,所以我们在制定目标和选择达成方法之前,首先要明确树立自己的价值观。

价值观影响了我们的决策和行为。比如,如果某人的时间观念很强,那么,他自己就会有动力做到守时。意识到要迟到时,他就会感到压力,从而刺激肾上腺素飙升,以保证他能准时赴约。

根据定义,价值观被分为两类。一类是终极价值,如追求的目的或目标。例如,舒适富足的生活、世界和平、智慧和救赎。另一类是工具价值,即对追求目标过程当中可取行为的信念。比如,有爱心、诚实和有进取心。

个人任务陈述

确保行动有价值的最行之有效的方法就是拟定个人任务陈述——它会确定你的生活目标、你要成长为怎样的人和如何做到。[9] 你的个人任务陈述就是你的生活哲学或信条。它定义了你想成为哪一类人(性格)、你想获得什么成就(贡献),以及你遵循什么原则(价值观)。一个个人任务陈述是激发主动性的基础。它为你打开视野,提供价值指导,是确立长期目标和短期目标的基石。它告诉你如何最有效地利用时间。以下是一个个人陈述的范例:[10]

我的职业目标是得到一个可以获取知识和尊重的职位。我将利用这个职位帮助他人，并在公共服务组织中占有一席之地。

我想要每天心中有希望、面带微笑地生活着。对于我自身，我希望做到自我充实、自爱、自律。希望运用我的复原能力不断让自己充满希望，用鼓舞的言语和行动来表达我的观点。

在家庭中，我希望建立健康、有爱的关系，让每一个成员都能自由做自己。

在工作上，我希望营造一个宽容、自发的学习环境。对于整个世界，我希望能在自然法则的前提下，让所有生命形态和谐共处，生生不息。

个人目标制定

制定可操作的目标是非常重要的，它能确保你的目标真实有效。一个目标决定了你要到达的终点。清晰的目标和定期的评估能够有效地帮助你进行自我管理，因为这些能够交代清楚你需要做些什么，并检验你是否在接近成功。[11]制定目标的结果就是你会获得朝既定方向前行的长期愿景和动力，而不是被动应付、被迫成长。

个人目标也同时提供了评估你成功的方法，以及有效利用时间和精力的标准。随着对具体目标的努力付出，你能够专注于你想要的愿景并有十足动力和生活目标。而接下来我们要讨论的制订计划，是让你到达目的地的地图。

有效制定目标的策略

你可以通过一些方法确保你给自己树立了正确的目标，并且有动力去完成。比较重要的一些方法如下：

个性化　对于别人施加给你的目标，你会缺乏投入和动力去完成。如果你因为你的父亲是名会计，就必须子承父业去主修财会，这也许并不明智。你的目标只能是你的——你自己的任务陈述、价值观和愿望的直接反映。

SMART 法则　SMART 指的是目标要具有的几个特性：具体（specific）、可测（measurable）、可实现（attainable）、实际（realistic）和有时限（time-bound）。具备这些特性的目标是清晰的、可量化的、可信的、可控的，并有明确时间范围的。

视觉化　如果你能想象出达成目标之后的画面，它就能让你更加投入、专注地工作。规划一个愿景是很多企业的任务陈述之一，你也应当这么做。

扩大人脉支持　找到可以帮助你达成目标的人来支持你。可以是朋友、家人、同事或者其他任何能够帮助你成功的人脉资源。

奖励点滴进步　当你朝目标一点点成功迈进时，奖励自己。这能令你保持动力和投入。

不断评估与调整　你需要适应不断变化的环境和充满挫折的现实。当进展不及预期时，不回避真正的原因。你可能遇到了无法预测的困难、资源的缺乏，甚至自身需求的转变。制定目标是一个持续的过程，所以适当的时候可以调整你的方向。

制订实施计划

制订实施计划涉及拟定一个达到目标所用的策略，需要考虑到什么事情、什么时候做和怎样去做。图 3-1 是制订实施计划的 9 个步骤。它主要包括以下行动：确立你的任务和愿景，对环境做机遇和风险分析，评估你的优劣势，规划具体行动目标，选定实施计划的方案，确定如何评估结果。

制订实施计划要从厘清你的总体目标或任务陈述开始。这是所有操作目标、计划行动和评估标准的基石。一旦你了解了自己的总体目标，你就可以开始进行 SWOT 分析：探究你自身优劣势与环境中的机遇和风险的联系。这种分析会产生出你的操作目标或短期任务，通过完成这些你才能实现愿景。接下来，你需要通过弄清你的优势和特别具有竞争力的领域来制定具体策略。不管你的策略多有效，如果不能恰如其分地实施，都不可能成功。因此，你需要定下时间表和检查点。最后，在实现目标的过程中要时时评估，在必要时调整策略。

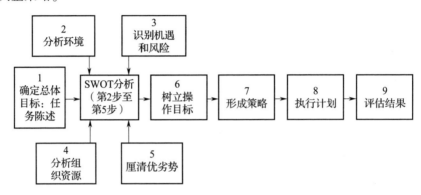

图 3 - 1　制订实施计划的 9 个步骤

注释

1. Copyright 1994 by National Research Bureau, P. O. Box 1, Burlington, IA 52601 – 0001. Reprinted by permission

2. Adapted from R. E. Quinn, S. R. Faerman, M. P. Thompson, and M. R. McGrath, *Becoming a Master Manager* (New York: John Wiley & Sons, 1990), pp. 33-34.

3. Lewis Carroll, *Alice's Adventures in Wonderland* (New York: The Platt & Peck Co., 1900), pp. 62-63.

4. Christopher P. Neck & Charles C. Manz, *Mastering Self-Leadership*, 4th ed. (Upper Saddle River, NJ: Prentice Hall, 2007), p. 5.

5. Phillip L. Hunsaker, *Management: A Skills Approach*, 2nd ed. (Upper Saddle River, NJ: Prentice Hall, 2005), p. 4.

6. Peter G. Northouse, *Leadership Theory and Practice*, 4th ed. (Thousand Oaks, CA: Sage Publications, 2007), p. 3.

7. Bill Brooks, "Self-Management and Character," *The American Salesman*, February 2006, pp. 19-21.

8. Milton Rokeach, *The Nature of Human Values* (New York: Free Press, 1973).

9. Adapted from Stephen R. Covey, *The Seven Habits of Highly Effective People* (New York: Simon & Schuster, 1990), pp. 106-109.

10. Adapted from Stephen R. Covey, *First Things First* (New York: Simon & Schuster, 1995), pp. 318-319.

11. Judith Sills, "How to Become Your Own Boss, " *Psychology Today* (September/October 2006), pp. 65-66.

第四章

运用情商

自我测评：我的情商如何？[1]

根据你自己的表现，给表 4-1 中提到的各项能力情况打分。在打分之前，回忆一下你在用到这些能力时的真实情况。

表 4-1　情商测试

描述	选项				
	偏低		一般	较高	
1. 将不同的生理信号和相应的情感联系起来。	1	2	3	4	5
2. 在承受压力时能够放松下来。	1	2	3	4	5
3. 清楚自己的行为对别人造成的影响。	1	2	3	4	5
4. 能主动地成功化解与其他人的冲突。	1	2	3	4	5
5. 愤怒时能使自己迅速冷静下来。	1	2	3	4	5
6. 在发怒的时候自己能意识到。	1	2	3	4	5
7. 在他人情绪低落时能察觉到。	1	2	3	4	5
8. 制造和他人的共鸣。	1	2	3	4	5
9. 知道自己在调动何种感觉。	1	2	3	4	5
10. 在做无趣的工作时也能创造动力。	1	2	3	4	5
11. 帮助他人管理情绪。	1	2	3	4	5
12. 让他人有好心情。	1	2	3	4	5
13. 了解自己何时正在经历情绪转变。	1	2	3	4	5
14. 当别人冲你发怒时能够保持冷静。	1	2	3	4	5
15. 对他人抱有同理心，能换位思考。	1	2	3	4	5
16. 当他人需要时为他人提供建议和情感支持。	1	2	3	4	5

（续）

描述	选项				
	偏低		一般		较高
17. 能够意识到自己何时变得十分戒备。	1	2	3	4	5
18. 言行一致。	1	2	3	4	5
19. 与他人亲密交谈。	1	2	3	4	5
20. 准确反馈别人表达的情感。	1	2	3	4	5

得分与解析

将这20道题的得分加总得出你的情商（EI）分数。你的自我认知得分来自第1、6、9、13和17题的总分；自我管理的得分来自第2、5、10、14和18题的总分；社交认知的得分来自第3、7、11、15和19题的总分；关系管理的得分来自第4、8、12、16和20题的总分。

计分与标准

请将得分填入表4-2中。

表4-2　计分与标准

项目	题号	得分	高	中	低
整体情商	全部	_____	高于80（含80）	50~80	低于50（含50）
自我认知	1、6、9、13、17	_____	高于20（含20）	10~20	低于10（含10）
自我管理	2、5、10、14、18	_____	高于20（含20）	10~20	低于10（含10）
社交认知	3、7、11、15、19	_____	高于20（含20）	10~20	低于10（含10）
关系管理	4、8、12、16、20	_____	高于20（含20）	10~20	低于10（含10）

解析

你可以通过这份问卷了解自己的情商状况。如果你的得分为80分及以上，那么你的情商水平很高；在50~80分之间，说明你有着不错的情商基础，而且你有领导能力；得分为50分及以下说明你的情商可能低于平均水准。情商四大要素——自我认知、自我管理、社交认知和关系管理——中的单项得分高于 20 分，则说明该项能力较高；低于 10 分，则说明该项能力较低。

阅读下面关于这四大情商要素的讨论，思考一下你在得分较低领域应该如何改进。把你的得分和其他人的得分比较一下。你又会怎么提高你的得分呢？

记住，情商是可以提升的，只要你加强练习，便可增强你在这四个方面的能力。在阅读以下概念的同时回顾你的自我评估得分，制订一个计划来提高低分领域的表现。

技能概念

情商和通常所说的智商不同，智商并不包含情感元素。智商是测量智力水平的，而情商则包括对自我和他人的认知、情绪管理和人际技巧，也就是本书主要讨论的内容。

什么是情商？

情商就是用来管理自己和他人的感受和情绪，能够做出区分，并据此引导自己的思维和行动的能力。[2] 你需要接触的人越多，高情商也就越重要。在所有企业职位上，恰当的技术技巧都是成功的必要条件。然而，运用情商技巧，比如清楚地表达想法以便别人理解、发展人脉关系、建立信任、统一意见，在高层领导职位当中变得越来越重要。例如，一个带领各色人士组成的项目小组的领导者，很可能已具备了足够的技术知识去完成项目。然而，同样重要的是，这位领导者也应该做到理解他人，与他人建立相互信任，激励和协助他人，帮助他人解决困境。[3] 那么，情商究竟由哪些要素组成呢？

情绪胜任力

情商由四个认知要素组成：①察觉情感的能力；②将情感融合到思考中；

③理解情感；④有效管理情感。[4] 当这些认知要素在和他人的互动当中能被有效展现时，这个人就具备了情绪胜任力。它包括自我认知、控制冲动、坚持不懈、自信、自主、有同情心、社交灵活、值得信任、适应力强和善于合作。[5]

情商的自我维度和他人维度

丹尼尔·戈尔曼（Daniel Goleman）和其他人将情商要素分为两大类，每类都包含了认知和应用两个维度。第一类是自我：你自身情感的自我认知和自我管理水平；第二类是他人：你对他人情感的同理心或认知水平，以及你对与他人关系有效管理的水平。[6] 构成四大情商要素中每个要素的竞争力和能力在图 4 - 1 中有所总结。

自我认知	**社交认知**
• 情感自我认知	• 同理心
• 精确自我评估	• 组织认知
• 自信	• 服务导向
自我管理	**关系管理**
• 情感自我控制	• 发掘人脉
• 信赖感	• 鼓舞人心的领导力
• 责任心	• 影响力
• 适应力	• 沟通能力
• 乐观	• 改革催化能力
• 目标导向	• 冲突管理
• 主动性	• 关系维系
	• 团队合作和协调

图 4 - 1　情商四大要素

自我认知　自我认知是认识和了解你自己的情感，以及它们是如何影响你的工作和生活的。这是其他胜任力的基础。如果你具有良好的自我认知，那么你就会清楚自身的感觉和情绪。了解自身情感的人才能更好地经营他们的生活。我们要了解自己的情感，理解他人的情感，并与之有效互动。有着高水准的自我认知的人拥有"直觉",并意识到这些"直觉"能为艰难的决定提供有用的信息。自我认知让我们在健康、自信的心态下评估自己的长处和短处。

自我管理 自我管理是拥有理解自我情感,并运用这种理解去解决情感问题的能力。这并不是让你压抑或者否认情感,而是利用它们去有效地解决问题。比如,控制你的情绪,让担心、焦虑、恐惧或者愤怒不会影响你去清晰地思考事情。[7] 要做到这一点,你首先要感知自己的情绪,思考这种情绪代表着什么,它将怎样影响你,然后再选择用最有效的方式应对。

社交认知 社交认知是理解和领会他人的能力。具有社交认知的人通常是善解人意的,他们能将自己代入他人的角色,感受他人的感情,理解他们的立场。具有高水平社交认知的人能够理解截然不同的观点,有效地与形形色色的人和情绪打交道。这种个性让他们更能适应群体生活,广泛建立人脉,并用政治手段达到理想的效果。

关系管理 关系管理是用与他人建立正面关系的方式进行社交。好的关系管理者用同理心、敏锐的观察力和友善的态度对待他人。他们用对情感的理解去激发改变,引导人们变得更好,建立团体和合作关系,并且在发生矛盾时进行有效化解。

关于情商的研究结果

关于情商的研究在不断推进,并且对于管理行为有着不同寻常的影响。[8] 有些研究发现,在当今的商业时代,情商甚至超越了纯智力能力成为领导者成功的重要因素。[9] 能很好地了解自身和他人情感的领导者用他们的理解去提高个人、团队和企业的表现。[10] 基于这些研究成果,很多企业已将情商纳入他们的员工发展计划。[11] 一些商学院也将情绪胜任力的培养编入课程。[12]

关于情商和工作表现的研究结果比较多样化。工作表现是指个人能在何种程度上帮助企业实现目标。[13] 一些研究显示,情商和工作表现呈正相关。[14] 另一些研究发现，在个别任务上情商和工作表现的关系并不一致，如学术表现、工作表现和团队表现的监管评估。[15] 这些研究结果的差异导致研究者认为在情商和工作表现中出现了调节变量。[16] 比如，某人在与工作表现相关的某项能力上较弱，但同时却有另一项能力较强，完全能弥补弱项，[17] 甚至一些个人的性格特点能弥补认知能力的缺陷。[18]

美国劳工部的一项关于性格的调查显示，企业多在 MBA 学生中选拔人才，这说明情商有三个重要的因素：沟通技巧、人际关系技巧和主动性。[19] 研究显示，尽管常规智商和技术竞争力测试是管理者职位的重要入门指标，但是高层领导者的情商明显高于低层领导者。[20] 相对于非领导者，卓有成效的领导者对自我情绪有很好的认知，能展现出自信，能管理好冲动情绪，善解人意，并且更具社交影响力。[21]

那么，底线是什么？通常认为，企业要吸引和留住最聪明的人，因为高认知能力能够帮助员工更好地快速学习大量的技术知识，从而为企业带来竞争优势。[22] 最新研究表明，情商可以弥补认知能力的不足。所以，能吸引和留住高情商人才的企业也是成功的。[23]

怎样运用情商？

情商的作用在人们实现价值及拓展事业的 25 个主要技术领域都得到了验证，本书涵盖了这 25 个领域中的大部分。想在工作中成为"明星人物"，登上职场巅峰，这些情商技巧比智商重要得多。成功人士能够利用情商有效地管理情绪，从而使整个团队受益。影响到职场方方面面的关键情商技巧包括精确的自我评估、自信、自律、责任心、适应力、创新、投入、主动、政治意识、乐观、善解人意、化解纠纷的技巧、团队合作能力、沟通能力，以及发起和管理变革的能力，[24] 如图 4 - 2 所示。

- 参与式管理
- 宽慰他人
- 自我认知
- 平衡生活和工作
- 坦荡、从容
- 建立和维系关系
- 全力以赴
- 决断力
- 直面问题员工
- 变革管理

图 4 - 2　高情商能够有更好表现的领域

总之，同僚们会欣赏领导者对他们的冲动、愤怒的控制力，对抗逆境和压力的能力，以及开心生活的能力和融入团队的能力。有着这些性格的领导者被认为是积极参与、有自知之明、冷静和稳重的人。创意领导力的精髓决定了以下这些是领导者运用情商的核心技巧。[25]

有自知之明　备受尊重的领导者都是能洞悉自身优劣势的人，对自己的情绪有认知，能控制自己的冲动。如果你对困境感到焦虑，或者常常生气，但是又不肯承认，就会被认为是缺乏自知之明的人。

用坦白和从容的态度表达你的感情　在危机中保持冷静并从错误中恢复，需要你有很高的自制力、抗压性和社会责任感，并且要乐观。坦白和从容能帮你在困境下抑制冲动，对他人负责，并且保持乐观。

用同情、敏感和友善对待他人　如果你让别人在你身边感到放松自在，那么他们会认为你是有自制力和同理心的人。[26]这会在你们的关系中带来更多的信任和坦诚。

依据他人的潜在反应调整你的行动　考虑到别人可能的反应，情商高的人会明智地选择在何时、怎样去说或去做事情。这个技巧的第一步就是敏锐地察觉或估计你的行为可能会导致他人的什么情感反应。这些反应因人而异。能预测别人的反应并据此调整接下来的行动是很重要的，如果你觉得在引起负面反应之前调整行动比较合适的话。

对他人的意见持开放态度　在现在的管理环境中，企业非常看重小组内部和小组之间的共存关系，能在一开始就被认同是一个极其重要的建立关系的技巧。在实施改革之前善于聆听他人和获得他人想法的领导者会被评价为合作力强、关怀他人、自制力高，以及了解自己和他人的情绪。因此，多练习参与式管理吧。

建立和维系关系　如果你不断地练习以上技巧，可能你已经会和很多人建立和维系有效的合作关系了。但是，如果你不能面对压力，或者不能控制敌意和过激行为，就不能将关系巩固得更为稳定。

全力以赴地进行必要的改变　全力以赴地进行必要的改变需要十足的魄力，去追求你想要的，必要时还要孤军奋战，面对困境百折不挠，对于结果保持乐观。魄力就是敢让别人知道你所追求的，用不过激的方式表达出你的感受、思想和信念。成功很大程度上取决于，在以社会责任感为前提下，用于促进改革的策略的成效。能够通过以上情商技巧与实施变革的人建立良好的关系，可以营造出你善于团队合作、能够带来改革成效的形象。乐观精神能够帮助改革的对象看到改革积极的一面。

果断面对问题员工　当面对问题员工时，情商高的领导者行动果断，但很温和。他们坚定地表达出自己的信念和感受，但并不过激。当问题产生时，决断意味着采用快速、具体的行动，而不是无限期延后对问题员工的处理，并且只用隔靴搔痒的方式解决问题。

平衡工作和生活　把握好工作和生活的优先顺序而不使任何一个被忽略，是需要社会责任感、自制力和同理心这些情商技巧的。能塑造出平衡工作和生活的形象，在他人眼中的你就是工作得力、自制力强、善解人意的人。

注释

1. Adapted from Hendrie Weisinger, *Emotional Intelligence at Work* (San Francisco, CA: JosseyBass, 1998), pp. 214-215.

2. P. Salovey and J. D. Mayer, " Emotional Intelligence," *Cognition, Imagination, and Personality*, Vol. 9 (1990), p. 189.

3. This discussion is based on B. Murray, "Does Emotional Intelligence Matter in the Workplace?" *APA Monitor* (July 1998), p. 21; A. Fisher, "Success Secret: A High Emotional IQ," *Fortune* (October 26, 1998), pp. 293-298; D. Coleman, *Working with Emotional Intelligence* (New York: Bantam Books, 1998); R. E. Boyatzis and D. Goleman, *The Emotional Competence Inventory — University Edition* (Boston, MA: The Hay Group, 2001); and D. Goleman, "Leadership That Gets Results,"*Harward Business Review* (March-April 2000), pp. 79-90.

4. P. Salovey and J. D. Mayer, " Emotional Intelligence,"*Imagination, and Personality*, Vol. 9 (1990), pp. 185-211.

5. Anne Fisher, "Success Secret: A High Emotional IQ," *Fortune* (October 26, 1998), pp. 291-298.

6. See, for example, R. E. Boyatzis and D. Goleman, *The Emotional Competence Inventory—University Edition* (Boston, MA: The Hay Group, 2001); D. Goleman, *Emotional Intelligence* (New York: Bantam Books, 1995); and D. Goleman, " Leadership That Gets Results," *Harward Business Review* (March-April 2000), pp. 79-90.

7. H. Weisinger, *Emotional Intelligence at Work* (San Francisco, CA: Jossey-Bass, 1998), pp. 214-215.

8. N. Ashkanasy and C. S. Daus, "Emotion in the Workplace: The New Challenge for Managers," *Academy of Management Executive*, Vol. 16, No. 1 (2002), pp. 76-86.

9. J. D. Mayer, P. Salovey, and D. R. Caruso, "Emotional Intelligence as Zeitgeist, as Personality, and as a Mental Ability,"in R. Bar-On and J. D. A. Parker (eds.), *The Handbook of Emotional Intelligence* (San Francisco, CA: Jossey-Bass, 2000), 92-117.

10. D. Geleman, R. Boyatzis, and A. McKee, *Primal Leadership: Realizing the Power of Emotional Intelligence* (Boston, MA: Harvard Business School, 2002), pp. 12-18.

11. " How Do You Feel?"*Fast Company*, Vol. 35 (2000), p. 296.

12. R. E. Boyatzis, E. C. Stubbs, and S. N. Taylor, "Learning Cognitive and Emotional Intelligence Competencies through Graduate Management Education," *Academy of Management Learning and Education*, Vol. 1 (2002), pp. 150-162.

13. S. J. Motowidlo, W. C. Borman, and M. J. Schmit, "A Theory of Individual Differences in Task and Contextual Performance, "*Human Performance*, Vol. 10 (1997), pp. 71-83.

14. See, for example, L. T. Lam and S. L. Kirby, "Is Emotional Intelligence an Advantage? An Exploration of the Impact of Emotional and General Intelligence on Individual Performance,"

Journal of Social Psychology, Vol. 142 (2002), pp. 133-143; C. Sue-Chan and G. P. Latham, "The Situational Interview as a Predictor of Academic and Team Performance: A Study of the Mediating Effects of Cognitive Ability and Emotional Intelligence," *International Journal of Selection and Assessment*, Vol. 12 (2004), pp. 312-320; J. Bachman, S. Stein, K. Campbell, and G. Sitarenios, "Emotional Intelligence in the Collection of Debt," *International Journal of Selection and Assessment*, Vol. 8 (2000), pp. 176-182; M. Slaski and S. Cartwright, "Health, Peformance and Emotional Intelligence: An Exploratory study of Retail Managers," *Stress and Health*, Vol. 16 (2002), pp. 63-68.

15. E. J. Austin, "An Investigation of the Relationship between Trait Emotional Intelligence and Emotional Task Performance," *Personality and Individual Differences*, Vol. 36 (2004), pp. 1855-1864; A. L. Day and S. A. Carroll, "Using an Ability-Based Mesure of Emotional Intelligence to Predict Individual Performance, Group Performance, and Group Citizenship Behaviors," *Personality and individueil Differences*, Vol. 36 (2004), pp. 1443-1458; K. V. Petrides, N. Frederickson, and A. Furnham, "The Role of Trait Emotional Intelligence in Academic Performance and Deviant Behavior at School," *Personality and Individual Differences*, Vol. 36 (2004), pp. 277-293; A. E. Feyerherm and C. L. Rice, "Emotional Intelligence and Team Performance: The Good, the Bad, and the Bad, and the Ugly," *International Journal of Organizational Analysis*, Vol. 10 (2002), pp. 343-362.

16. D. L. Van Rooy and C. Viswesvaran, "Emotional intelligence: A Meta-Analytic Investigation of Perdictive Validity and Nomological Net," *Journal of Vocational Behavior*, Vol. 65 (2004). pp. 71-95.

17. J. B. Carroll, *Human Cognitive Abilities: A Survey of Factor-Analytic Studies* (New York: Cambridge University Press, 1993).

18. C. Viswesvaran and D. S. Ones, "Agreements and Disagreements on the Role of General Mental Ability (GMA) in Industrial, Work, and Organizational Psychology," *Human Performance*, Vol. 15 (2002), pp. 212-231.

19. Edward Chan, "Cultivating Emotional Intelligence," *The New Straits Times Press* (January 30, 1999).

20. Donald E. Gibson, "Emotional Episodes At Work: An Experiential Exercise in Feeling and Expressing Emotions," *Journal of Management Education*, Vol. 30, No. 3 (June 2006), pp. 477-500.

21. The following researchers and others have provided compelling evidence for the notion that EI is important for organizational leaders and managers: Mayer and Salovey, 1995; D. Goleman, *Working with Emotional Intelligence* (New York: Bantam, 1998); D. Goleman, "Leadership That Gets Results, " *Harvard Business Review*, Vol. 78, No. 2 (2000), pp. 78-90; D. Goleman, R. Boyatzis, and A. McKee, *Primal Leadership: Realizing the Power of Emotional Intelligence* (Boston, MA: Harvard Business School, 2002), pp. 12-18.

22. E. Michaels, H. Handfield-Jones, and B. Axelrod, *The War for Talent* (Boston, MA: Harvard Business School Press, 2001).

23. Stéphane Côté and Christopher T. H. Miners, "Emotional Intelligence, Cognitive Intelligence,

and Job Performance," *Administrative Science Quarterly*, Vol. 51, Issue 1 (March 2006), pp. 1-28.

24. Daniel Goleman, "Working Smart," *USA Weekend* (October 2-4, 1998), pp. 4-5.

25. M. N. Ruderman, K. Hannum, J. B. Leslie, and J. L. Steed, (2001). *Leadership Skills and Emotional Intelligence*, Research Synopsis Number 1, Unpublished manuscript (Greensboro, NC: Center for Creative Leadership, 2001).

26. Adele B. Lynn, "Emotional Intelligence Quotient 23: Action/Reaction," *The Emotional Intelligence Activity Book*: 50 *Activities for Promoting EQ at Work* (New York: AMACOM/ HRD Press, 2002).

Training in Interpersonal Skills :

Tips for Managing People at Work

第二部分

沟　通

第五章

人际沟通信息的传递

自我测评：我传递信息的习惯是什么？

针对表 5 – 1 中的问题，选择最能准确描述你的信息传递习惯的答案。

表 5 – 1　有关传递信息的习惯的测试

当我向别人传递信息的时候，我	选项		
	经常	有时	很少
1. 为了提高效率，使用技术性语言或行话、术语。	＿＿＿	＿＿＿	＿＿＿
2. 确保传递的信息和我的行为是一致的。	＿＿＿	＿＿＿	＿＿＿
3. 不会浪费时间去提供背景信息和细节。	＿＿＿	＿＿＿	＿＿＿
4. 表达感受时常常会用到"我"和"我的"。	＿＿＿	＿＿＿	＿＿＿
5. 谈话的一开始就坦陈我的动机。	＿＿＿	＿＿＿	＿＿＿
6. 为了让对方认真对待，我尽量避免热情和友好。	＿＿＿	＿＿＿	＿＿＿
7. 为了避免产生疑惑，不使用多样化的沟通渠道。	＿＿＿	＿＿＿	＿＿＿
8. 让信息的接收者重申他们对信息的理解。	＿＿＿	＿＿＿	＿＿＿
9. 无论环境多么复杂或者涉及隐私，我都能够诚实沟通。	＿＿＿	＿＿＿	＿＿＿
10. 为了避免被小瞧，即便在谈论我不懂的东西，也会假装明白。	＿＿＿	＿＿＿	＿＿＿

得分与解析

第 2、4、5、8 和 9 题选择"经常"得 3 分，选择"有时"得 2 分，选择"很少"得 1 分。

第 1、3、6、7 和 10 题选择"经常"得 1 分，选择"有时"得 2 分，选择"很少"得 3 分。

把各题分数加起来，得分大于或等于 26 分，证明你对信息传递技巧有着很强的理解能力；得分在 21 ~ 25 分，表示你的信息传递技巧还有待提高；得分小于或等于 20 分，表明你有非常大的提升空间。

技能概念

沟通是人际交往的基础，没有沟通，人际关系就不会存在。通过沟通，人们在人际关系互动中交换信息、传递意图。所有的合作行为都要取决于有效的沟通。领导和员工、团队成员以及朋友之间都依赖沟通来相互理解、建立信任、协调彼此的行为、为完成目标制定战略、消除工作中的分歧并引导团队的行为。[1]

人们如何沟通？

人际沟通所涵盖的绝不仅仅是交换文字那么简单。所有传递一定的信息并被他人接收到的行为都是沟通。因为两个互动的人对各自的感受和对方行为的期待都会产生持续性的影响，所以，人际沟通可以被广泛地定义为任何被他人接收到的语言或非语言的行为。[2] 图 5-1 描述了人际沟通的过程。[3]

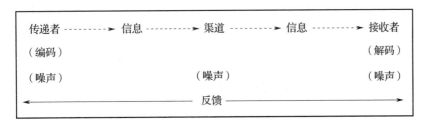

图 5-1　人际沟通的过程

这一模型的要素包括信息传递者、信息接收者、信息和渠道。首先，信息被传递者以一定的格式编码，以便于接收者明白信息的含义；然后，信息会通过各种各样的渠道传递，包括口头表达（比如演讲、开会、打电话或者非正式的讨论）、非口头表达（比如触摸、面部表情和说话的语调）、书写的方式（比如信件和备忘录）或者电子化的方式（比如电子邮件、语音信箱或者传真）。这些都是有效传递信息所需要的功能和技巧，在本章中我们会逐一介绍。

无论信息的编码和传递多么有效，如果信息接收者无法接收和理解信息传递者的信息，沟通就是无效的。解码是沟通功能，它帮助接收者理解沟通内容。第六章的主题是倾听，它常常是沟通最为重要的部分。

在沟通的过程中，在任何阶段产生干扰的东西都叫作噪声。沟通的成功在很大程度上取决于对各种各样的噪声源的控制。决定信息接收者对信息理解的清晰程度的最重要的工具是反馈，它同时也决定着信息对信息接收者所产生的影响。本章中的内容就是关于如何向他人进行有效反馈的。

只有当噪声被避免时，信息传递者才能够全面而准确地传递想法和感觉；当接收者能够理解传递者想要传递的信息时，有效的沟通才可能发生。在本章中，我们主要关注信息传递者为了影响信息接收者的行为而有意识地传递信息的行为。这包括传递者为了引起他人的反应而有意识地采取的所有行为，包括语言和非语言的方式。比如，一个人发出"你好吗"的信息来引出"挺好"这样的回应，或者一个老师用摇头的方式传递让两个学生闭嘴的信息。

有效地传递信息需要哪些技能？

持续有效的沟通需要一定的发送和接收信息的技能。有研究表明，增加信息的清晰度、提升信任感和征求反馈都有助于提升信息的传递效果。[4]

增加信息清晰度的方法　信息传递者应该主动清除沟通的障碍，确保信息对于接收者来说是清楚并且可理解的。下面这些事将有助于达成这个目标。[5]

1. 使用多种沟通渠道。用几种不同的方法传递同一个信息能够提高这个信息被准确理解的可能性。比如，表达一条语言信息可以使用面部表情、身体姿态或者在一张纸上把它画成图表。这种多渠道传递同一信息的模式能够保证接收者有机会通过不止一种感官接收到信息。举个例子，一位经理在谈到迫切需要提高产品质量时，可以通过语言、语调、面部表情、手势、图片、姿势和视听演示来传达信息的紧迫性。

2. 做到完整和具体。当一条信息的主题对于接收者来说是崭新的或者不熟悉的时，信息传递者可以通过提供充分的背景信息和细节来保证信息的完整和具体。一旦接收者理解了传递者意图的大致框架，他们就更有可能准确地理解信息。传递者可以通过提供具体的底线和举例的方式来降低误解产生的可能性。

3. 自己承担责任。信息传递者应该使用"我"和"我的"这样的来对信息中所传递的感受和评价承担责任。概括性的表述，比如"大家都这么觉得"就会留下质疑的空间，因为有些人也许不"这么"认为。用"你"开头的信息，比如"你太以自我为中心了"，常常会使得接收者采取防御姿态。但是以"我"开头的信息，比如"我很生气，因为你迟到了，让我等了很久"，就一点也不含糊，而且描述出了传递者的感受。

4. 保持言行一致。要确定言行一致。说一套做一套会令信息接收者迷惑。比如，如果经理们告诉员工他们可以"随时待命"以帮助员工，但是当员工真带着问题找他们寻求帮助的时候，他们却表现出优越感或者心不在焉，他们就是在传递着和语言信息截然不同的东西。

5. 简化语言。复杂的修辞和技术性的行话、术语会令那些听不懂这些话的人感到困惑。许多组织内部发展出了自己一些特定的术语，或者明显属于公司自己的语言，这些语言由一些特定的词语和短语组成。这些词语和短语代表着特定的人物、场景、活动和事情。比如，迪士尼的所有员工都被称作演员，工作时他们叫作"登台"，午餐或休息时他们称作"下台"，好的情况和事件就是一个"好样的米奇"，不好的事情就是一个"糟糕的米奇"。

在组织内部，行话和术语是有效的沟通方式，但是在与组织外部不了解这些行话和术语的人沟通时还用这些语言，就会造成沟通障碍。在和那些组织外部不能熟练使用组织语言的人沟通时，优秀的信息传递者会尽量避免使用行话、俚语、陈词滥调和华丽的比喻等。通过拥有同理心，与信息接收者换位思考，信息传递者才能用有意义的方式对信息进行有针对性的编码。[6]

获取和保持信任感的技能　对信息传递者的信任恐怕是有效的人际沟通过程中最为重要的一个要素了。[7] 传递者的可信度会让接收者在潜意识中认为传递者是值得信赖的。增加信息清晰度，也有助于提高信任感，比如保持言行一致。[8] 除此之外，还有以下提高可信度的方法。[9]

1. 清楚你自己在说什么。当信息接收者认为信息传递者在所讨论的领域有着专业见解时，他们会投入更多的注意力，尤其是当他们知道对方是经过授权来传递这些消息的。当人们认为信息传递者都不了解自己所说的内容时，信息传递者会失去人们的信任。如果信息传递者确实不知道答案，不妨承认，回头下点工夫再给出一个确切的答案。

2. 建立相互信任。信息接收者倾向于搞清楚信息传递者的动机：他们是自私的还是无私的？信息传递者在谈话开始的时候就表明自己的动机能够消除接收者对于传递者实际意图的不安，而且也有助于建立共同的信任感。诚实、可靠、适当地公开信息也会有助于建立信息传递者与接收者相互之间的信任。

3. 共享所有相关信息。当我们把所有的相关信息都精确地提供给信息接收者，并引导他自由地做出选择时，这种人际沟通才能被称作是道德的。如果阻止他人获得相关信息，甚至强迫他人做出不乐意的选择或者不能做想要的选择，这些沟通就都是不道德的。[10]

4. 保持诚实。在每一次全民调查中，被调查者对领导者、朋友、伙伴或者搭档的要求中，最重要的一条便是诚实。[11]因此，你应该尝试避免各种形式的欺诈，这是一种信息上的有意识修改，它会深深地影响其他人的感知。[12]欺诈的形式包括说谎——隐瞒或者曲解真实的信息，以及其他不能真实地反映我们的感情和看法的行为。

5. 可靠。信息传递者提供的所有相关信息要具有可靠性、前瞻性和一致性，从而强化信息接收者对传递者的信赖感。

6. 热情、友好。一个热情、友好、有建设性的态度比一个敌意、傲慢、粗暴的姿态更有助于建立人际间的相互信任。人们更愿意信任那些友善的人，而不是那些试图压制和控制他们的人。

7. 充满活力。如果信息传递者在传递信息的时候表现出活力、自信和积极的一面，就会比那些表现得消极、沉闷、不自信的人显得更加可信。当信息传递者热情洋溢且充满自信的时候，接收者会倾向于更加关注信息。

8. 适当的自我揭示。自我揭示是指向他人表达我们的感受、反应、需求和渴望的过程。很多人都遇到过所谓"过度自我解释"的人，他们把自己的很多事，包括很多隐私都和盘托出，而且那些隐私并不合时宜。还有一些人是"自我揭示不足"，他们不希望人们知道关于他们的任何事，即便这些事能够很有效地促进双方的关系或者产生很多收益。根据所要达成的目标及其恰当程度，自我揭示可以被视作一个连续统一的过程。

在建立具有支持性的人际关系时，可靠的自我揭示是必不可少的。在这种关系中，人们要了解彼此的需求、价值观、目标、优势和劣势。下面这条对发展人际关系和建设团队都是非常重要的：人们需要知道相互的需求，也要知道彼此的行为对对方有着什么样的影响。所以，适当的自我揭示是有效的信息传递的重要组成部分，因为它能促进和谐、建立信任并帮助信息接收者换位思考。[13]

"当下"的自我揭示能够获得最大的效果。"当下"是指一个人正在经历什么。不幸的是，我们当中的大多数人都会隐藏对他人的感受，因为我们担心伤害对方的情感、惹怒对方、被对方拒绝，或者我们根本就不会进行有建设性的自我揭示。无论基于什么样的原因，结果就是别人对我们针对他们行为的反应还是完全无意识，反过来也一样。最终，许多原本可以有效或者有趣的关系逐渐恶化，因为那些从未开诚布公地谈过的小小的怨气、情感的伤害和误解会不断地累积。

征求反馈的技能　反馈就是信息接收者对信息传递者所传递信息的回应。信息传递者需要通过反馈来准确地掌握接收者到底听到了些什么，以及他们认为信息究竟是什么意思。如果接收者的回应显示出他并不太理解信息的意思，那么信息传递者就可以试着改变一下原来的信息，以保证自己的意图被准确地理解。

带有许多潜藏意义的陈述很容易引起信息接收者的误解。比如，如果有人一边走出门一边说："待会儿打给我，我们讨论一下！"这个人的意思是15分钟以后、两个小时、明天，还是下个礼拜？如果不加以澄清的话，如此模糊的指示是不可能让信息接收者按照传递者的意图执行的，而且还会导致沟通双方的关系紧张。[14]通过对反馈的征询和倾听，信息传递者可以把这些模糊的陈述转化为具体、有效的沟通。下面的这些技能可以让你学着获得诚实，可靠的反馈。

1. 主动要求信息接收者进行反馈。这个方法的必要性在于它能帮助信息传递者确定信息是否按照预想的方式被信息接收者接收到了。如果信息

传递者不能获得关于信息如何传递的反馈，接收者的误解就永远不会被
纠正。

2. 不要自我设防。质疑反馈的有效性、为自己的行为辩解、与信息接收者的争论，都会让信息接收者不愿意向信息传递者提供一些信息传递者需要的信息。信息传递者唯一需要做的就是检视自己和接收者之间的沟通；如果有误解存在的话，就把它说清楚。

3. 把听到的总结出来。信息传递者所要做的就是向信息接收者提供反馈，以确保自己理解了接收者给出的反馈。这种澄清式反馈通常以这样的陈述开头："让我先确定我理解了你刚刚所说的"或者"让我看看是不是正确理解了你的意思"。通常它以问句结尾："我理解得对吗？""那些是你主要关注的吗？"

4. 搞清楚潜在的假设。如果信息传递者获得的反馈看起来和自己想要沟通的不一致，也许是因为信息接收者对信息传递者的意图、期望或动机有一些预判。信息传递者可以通过直接询问澄清性的问题来搞清楚信息接收者的假设，或者试着总结出自己对于信息接收者潜在假设的理解，然后看看自己理解得对不对。

5. 对反馈提供者的非语言信息要敏感。信息接收者通过他们的身体、眼睛、面部、姿势和其他感官传递着多种积极或消极的态度、感觉和观点，这些都应该当作是对信息传递者的信息的反馈。常见的有目光的接触方式、身体姿态、面部表情、语音语调。信息传递者应读懂这些非语言信号，并把它们用作组织谈话的内容和确定谈话的方向。信息传递者可以通过转换词句的节奏、调整语音语调或者换个身体姿势来重新抓住其他人的注意力和兴趣。

6. 通过提问来澄清。要想澄清反馈、检验理解程度、搞清楚假设、决定哪些问题需要被进一步讨论，以及搞清楚所有文字、声音、视觉的蛛丝马迹，信息传递者就得提问！只要有疑问，就用澄清性的问题把它搞明白。

注释

1. David W. Johnson and Frank P. Johnson, *Joining Together: Group Theory and Group Skills.* 5th ed. (Boston, MA: Allyn & Bacon,1994), pp. 130-131.

2. David W. Johnson, *Reaching Out*, 5th ed. (Boston, MA: Allyn & Bacon, 1993), p. 97.

3. D. K. Berlo, *The Process of Communication* (New York: Holt, Rinehart & Winston, 1960), pp. 30-32.

4. David W. Johnson, "Communication and the Inducement of Cooperative Behavior in Conflicts," *Speech Monographs*, Vol. 41(1974), pp. 64-78.

5. L. L. Tobias, "Twenty-Three Ways to Improve Communication," *Training and Development Journal*(1989), pp. 75-77.

6. Michael W. Miller, "At Many Firms, Employees Speak a Language That's All Their Own," *Wall Street Journal*(December 29, 1987), p. 15.

7. David W. Johnson, *Reaching Out*,5th ed. (Boston, MA: Allyn & Bacon, 1993), pp. 65-66.

8. Sandra G. Garside and Brian H. Kleiner, "Effective One-to-One Communication Skills," *Industrial & Commercial Training*, Vol. 23, No. 7(1991),pp. 24-28.

9. David W. Johnson, *Reaching Out*,5th ed. (Boston, MA: Allyn & Bacon, 1993).

10. J. A. DeVito, *The Interpersonal Communication Book*, 6th ed. (New York: HarperCollins Publishers, 1992), p. 77.

11. Roger C. Mayer and James H. Davis, "An Integrative Model of Organizational Trust," *Academy of Management Review*(July 1995), pp. 143-157.

12. M. Knapp and M. Comadena, "Telling It Like It Isn't: A Review of Theory and Research on Deceptive Communication," *Human Communication Research*(1979), pp. 270-285.

13. Gerard Egan, *Face-to-Face: The Small-Group Experience and Interpersonal Growth* (Monterey, CA: Brooks/Cole, 1973), pp. 40-41.

14. Phillip L. Hunsaker and Anthony J. Alessandra, *The Art of Managing People* (New York: Free Press, 2008), pp. 155-156.

第六章

倾听和非语言信息解读

自我测评：我的倾听习惯

针对表 6-1 中的描述，选择最能准确描述你的倾听习惯的答案。

表 6-1　倾听习惯的测试

描述	选项		
	经常	有时	很少
1. 我保持和说话者眼神的接触。	＿＿＿	＿＿＿	＿＿＿
2. 我完全通过对方的外表和表达来判断他的想法是否有价值。	＿＿＿	＿＿＿	＿＿＿
3. 我尝试从说话者的角度来理解信息。	＿＿＿	＿＿＿	＿＿＿
4. 我在倾听时更关注具体的事实而不是宏观的愿景。	＿＿＿	＿＿＿	＿＿＿
5. 我在倾听时会去探求语言背后真实的内容和情感。	＿＿＿	＿＿＿	＿＿＿
6. 我通过提问来实现澄清和理解。	＿＿＿	＿＿＿	＿＿＿
7. 在对方讲完话之前，我能做到不下判断。	＿＿＿	＿＿＿	＿＿＿
8. 我会有意识地努力判断对方所说内容的逻辑性和一致性。	＿＿＿	＿＿＿	＿＿＿
9. 在倾听时，我会想一有机会我要说些什么。	＿＿＿	＿＿＿	＿＿＿
10. 我试图说最后一句话。	＿＿＿	＿＿＿	＿＿＿

得分与解析

第 1、3、5、6、7 和 8 题选择"经常"得 3 分，选择"有时"得 2 分，选择"很少"得 1 分。

第 2、4、9 和 10 题选择"经常"得 1 分，选择"有时"得 2 分，选择"很少"得 3 分。

把各项分数加起来，得分大于或等于 27 分，证明你是一个优秀的倾听者；得分在 22 ~ 26 分，表明你在倾听方面有些欠缺；得分小于 22 分，说明你在倾听方面养成了一些坏习惯。

技能概念

沟通的大量问题都来自于对倾听技能的忽视、忘记和想当然。[1] 我们总是把听见和倾听相混淆。听见仅仅是我们感觉到了声波的振动，而倾听则是从我们听到的东西里寻找意义。倾听需要我们投入注意力、进行解读，并且记住来自声音和视觉的刺激。就像本章中将要展示的，倾听是一个可以学习的技能。尽管我们一辈子都要做这件事，但很少有人做得好。

如果我们想把沟通的全部技能做个重要性排序的话，倾听一定是排在第一位的。例如，一项对涵盖 300 个组织的主管人员的调查结果显示，在所有决定一个人能否当经理的技能当中，有效的倾听排在首位。[2] 倾听也是学习其他人际关系技能时至关重要的要素。有效的倾听技能才能帮我们完成任务。倾听很重要的另一个原因是：如果我们不是一个优秀的倾听者，那么在发展其他人际关系技能的过程中就会遇到持续不断的麻烦。

主动倾听和被动倾听

有效的倾听是主动的而非被动的。在被动倾听的过程中，你就像一台录音机，但不必像录音机那么精确。你只是试图接收尽可能多的信息。就算对方给你提供了相当清晰的信息，而且表达也足够有趣，两天后你对谈话的内容和理解也会变得不完整或不精确。[3]

主动倾听需要你和对方换位思考，这样你才能从对方的视角来理解这次沟通。主动倾听确实是一件困难的事。你必须要集中注意力，而且必须要全面地理解对方的讲话。当学生们使用有效倾听的技能听了一场 50 分钟的讲座，在结束时他们会和讲师一样累，因为他们在倾听时投入的精力和讲师在讲课时投入的精力一样多。

主动倾听有四个基本要求：在倾听时带着强烈的意愿、同理心、包容的心态，以及为获得满意的成果负责的意愿。[4]

我们的大脑能够应付的语速是普通人语速的四倍[5]，所以在倾听的时候，我们有大量的时间可以游离。主动倾听者会强烈地把注意力集中在对方的说话上，同时屏蔽成千上万混杂的导致干扰的想法（比如，工作的最后期限、钱、聚会、朋友们、修车等）。主动倾听者在他们的大脑闲置时会做些什么呢？他们会提炼和总结所听到的内容，把每一个新的信息加入到之前所听到的并处理的内容当中。

有同理心的主动倾听者能站在对方的立场思考问题。主动倾听者能够努力去理解对方想表达什么，而不是自己想要理解些什么。有同理心的主动倾听者会对对方多一些了解，对自己多一些灵活性。主动倾听者会暂时搁置自己的想法和感受，调整自己的状态，进入对方的世界去看、去感觉。只有这样做，主动倾听者才更有可能正确地解读对方的信息。

主动倾听者都有包容的心态。他们可以客观地倾听，而不急着去做判断。这可不是一件容易的事。当对方讲话时，尤其是对方在讲一些我们并不赞同的内容时，注意力不集中是很常见的。当听到不赞同的内容时，我们就开始在脑海当中组织反驳的语言了。就这样，我们错过了接下来的信息。成为主动倾听者最大的挑战是控制住自己且别急着评价，同时吸收对方所说的内容，直到对方讲完为止。

主动倾听的最后一个基本要求是为获得满意的成果负责。也就是说，倾听者要竭尽所能地从讲述者的沟通中获取完整、原本的意思。为达到这样的结果，两个被广泛应用的倾听技巧是：听内容的同时更要听感情，以及提问以确定自己听懂了。

主动倾听者用他们的耳朵、眼睛和大脑一同倾听。他们通过听清楚对方所说的文字来获取客观的信息，但其实每个说出来的信息所包含的都不仅仅是文字。说话的人通过他们的非语言信号也同时传递着他们的主观信息——他们的感觉和感情。这些信号包括他们的语调，比如音量大小、重音、犹豫、抑扬顿挫和语速等；还包括非语言信号，比如说话者的眼神移动、面部表情、身体姿态和手势动作。如果主动倾听者能做到听文字的同时去听感觉和感情，他就可以抓住对方语言信息背后的全部资讯。即便如此，无论主动倾听者多么擅长于全方位倾听，误解的可能性依然存在。这就是主动倾听者需要通过提问来验证的原因：主动倾听者通过提问可以发现信息的失真并且澄清误解。我们再一次发现，提问可以使主动倾听者在沟通的过程中承担起积极和负责任的角色。沟通的成功绝不仅仅是说话者的责任。主动倾听者可以通过不断澄清来确保他们接收并理解了说话者原本的意思。

我们所知道的有效倾听

主动倾听的模型为你成为一名优秀的倾听者建立了基础。在本节中，我们总结了优秀的倾听者应具备的 14 个具体的特征和技巧。这些特征中有些是非常直观明确的行为，比如提问；其他的是一些只能间接衡量的认知过程，比如不带偏见地倾听。随着我们对这 14 个特征的评述，问问自己哪个特征是可以直接观察到的。对于那些不能直接观察到的特征，试着想一想如果有人使用它们，你应该找些什么线索来间接地识别出来。

1. 有倾听的动力。如果一个倾听者不愿意付出努力去倾听和理解，那么再多的建议也无助于提高倾听的有效性。就像我们前面说到的，主动倾听是一项艰难的工作。你成为有效倾听者的第一步是愿意付出努力去倾听。

2. 眼神交流。当你讲话时对方却不看着你，你有什么感受？如果你和大部分人一样，你多半会把这种行为解读为冷漠或者不感兴趣。具有讽刺意味的是"你用耳朵去听，但人们却用你的眼神来判断你是否在听"。[6] 和讲话的人保持眼神接触能让你集中注意力，降低被干扰的可能性，同时也能更好地鼓励说话者。

3. 表现出兴趣。优秀的倾听者对对方所讲的内容会表现出兴趣。[7] 怎么做到呢？答案在非语言信号里。点头和适当的表情，加上持续的目光接触，传递给说话者的信息就是"我在倾听"。

4. 避免干扰的行为。为了表现出感兴趣，你应该避免那些看起来显得心不在焉的行为。在倾听的时候不要看你的手表、整理纸张、玩铅笔，或者投入到类似的干扰行为当中。这些行为会让说话的人觉得你已经厌烦了或者丧失了兴趣。更重要的是，这些行为表示你并没有全身心地投入，你也许会因此错过讲话者想要表达的部分信息。

5. 换位思考。我们说过，主动倾听者通过把自己放在说话者的角度来理解说话者的所见所感。不要把你自己的需要和意图投射到说话者身上。如果这样做，你可能只会听到你想听到的。所以，你要常问问自己：这个讲话的人是谁？他从哪里来？他的态度、兴趣、经验、需求和期待分别是什么？

6. 全面接收信息。优秀的倾听者在听取客观内容的同时还要注意解读说话者的情感和情绪。[8] 如果你只听言辞，而忽略了其他声音的线索和非语言的信号，你会错过很多微妙的信息。要验证这个观点，你可以先读一读剧本，然后到剧院去看看剧目的演出。你会发现在舞台上呈现时，人物和信息会更加饱满和丰富。

7. 提问。持批判态度的倾听者总是分析他们所听到的内容并提问。这个习惯能使信息清晰，保证你理解了听到的内容，并且让说话者感受到你在听。

8. 重述。重述是指用你自己的话重申说话者刚刚说过的内容。优秀的倾听者常用的语句是："我听到你刚才说的是……""你的意思是……"为什么要重述？有两个原因：第一，重述可以很好地检查你是否在认真地听。如果你的思想走神儿或者想着自己接下来该说些什么，你是无法做到准确重述的。第二，重述还可以控制准确度。通过用自己的话重述对方所说的内容，同时反馈给说话者，你可以搞清楚自己的理解是否准确。

9. 别打断。让说话者先把自己的想法表达完整，然后你再做出回应。别去瞎猜说话者的想法会朝哪个方向发展。只要让他讲完，你就知道了。

10. 把听到的东西整合起来。一边倾听，一边完善你对说话者想法的理解。不要把听到的新信息作为独立的内容，而应该把它们拼成一个整体，把每一段信息都当作破解迷局的一部分。在说话者说完时，你不能只有十条单独的信息，而是要有十条信息组合在一起所形成的完整资讯。如果还不完整，你可以通过提问把缺失的部分填补上。

11. 不要讲话太多。我们中的大多数人都更愿意讲出自己的想法，而不是听一听别人怎么说。很多人之所以倾听，是因为他们把倾听当作换取别人听自己说话的筹码。也许说话更有趣而沉默令你不舒服，但你不能同时说和听。优秀的倾听者意识到了这个问题，所以从不说太多话。[9]

12. 注意你的偏见。我们会评估信息的来源，注意到一些问题，诸如说话者的可信度、外表、用词、语言习惯等，但别让这些东西误导了你。比如，每个人都有一些所谓危险信号的词句，这些词句能够吸引我们的注意力或者使我们轻率地下结论。比如，这些词包括种族主义者、同性恋、保守派、自由主义、女权主义者、环境主义者和宗教权利等。你可以用关于说话者的一些背景信息来帮助自己理解他所说的内容，但别让你的偏见扭曲了信息。

13. 顺畅地在说话者和倾听者的角色间转换。当一个学生坐在课堂上听讲时，你会发现他的思想很容易就能进入有效倾听的框架。为什么？因为此时的沟通在本质上是单向的：老师说，学生听。但是，老师与学生这样的二元组合并不典型。在大量工作场景中，你是在持续地变换着说话者和倾听者的角色。因此，优秀的倾听者可以顺畅地从说话者转换成倾听者又变回说话者。从倾听的角度来看，这意味着把注意力集中在说话者所说的话上，别去想一会儿你要说些什么。

14. 自然一些。一个优秀的倾听者会培养出一种自然可信的风格。别尝试着成为一个别扭的好听众。如果你用夸张的眼神接触、面部表情、提问、展示兴趣等表示你在倾听对方说话，那么你会失去可信度。优秀的倾听者不是倾听机器。倾听者应该适度使用技巧，培养出与自己的人际风格搭调的倾听技能。

读取非语言信息

非语言信息由视觉、触觉和声音信号组成，并且要用到时间、空间和想象力。[10]当两个人面对面交流的时候，有差不多93%的信息都是通过非语言的渠道传递的。[11]这也就是说，只有7%的信息是纯粹通过对方的语言被接收到的。

一个人经常会嘴上说着一件事，但他的语调和身体语言却在表达着完全不同的东西。这些混杂的信息迫使信息接收者在一条信息的语言和非语言方面进行选择。这种混杂的信息会制造紧张感和不信任感，因为信息接收者会觉得对方在隐藏一些东西或者不够坦白。通常情况下，信息接收者都会选择相信非语言信息，因为当两者发生矛盾的时候，非语言信息比语言信息要可靠得多。[12]非语言信息能够像谎言探测器一样帮助一位警惕的信息接收者去解读对方的意图。尽管有很多人在讲话的时候可以把自己的情绪伪装得很有说服力，但只要你将注意力集中在他的面部和声音表现上，还是能够发现很多蛛丝马迹。[13]

视觉沟通

非语言沟通的视觉部分又被称作身体语言或人体动作学，包括面部表情、眼神移动、身体姿态和手势。

脸是非语言信息最好的传递者。通过"阅读"一个人的面部表情，我们常常可以发现对方没有表达出来的感觉，比如高兴、悲伤、惊奇、恐惧、愤怒和厌恶。不过要小心，因为有些文化会施加情感约束来抑制真实的感情。同一个面部表情在不同的文化里可能表达完全不同的含义。比如，在美国，人们用上下点头来表示同意；而在印度，人们用左右摇头来表示同意。[14]

我们都听说过"眼见为实耳听为虚"和"眼睛是心灵的窗户"这样的俗语。你和一个带着墨镜的人说话会是什么感觉？我们中的大部分人都会觉得不舒服，因为对方情绪最重要的表达途径被切断了。

目光的接触可以让我们读取和交流一系列的事。比如，眼神的直接接触通常是诚实、有兴趣、开放和自信的信号。如果回避眼神的接触，我们会感到对方窘迫、紧张或者想隐藏些什么。跟所有的身体语言一样，目光的接触在不同文化中也有不同的含义。比如，在一些拉美文化中，处于下位者不允许直视处于上位者的脸。相反，在美国，缺乏目光接触会被解读为是欺骗的信号。[15]

身体的姿态提供了解读信息传递者态度的线索。我们如何通过身体信号表达我们的情绪，比如自信、进取、恐惧、负罪或者焦虑？自信对应放松的姿态，比如坐在椅子上时伸出两条腿并把手抱在头后面。请想想弯着腰、目光游移并且咬着指甲的形象代表什么？身体姿态的转变表示有些事正在发生着变化，但这需要信息接收者去深入了解。[16]

手势可以把面部表情和身体姿态结合起来表达意义、控制谈话或者弥补语言的欠缺。有些手势有着全球通行的象征意义，如把两只手举过头顶表示投降和服从。敬礼、致意、握手、挥手告别、比划"V"字代表胜利，这些都只是超越了语言和文化障碍的常用符号中的一小部分。

许多姿态都会受到文化的限制并且容易引起误解。美国人就很容易误读日本人的身体语言。比如，日本人总是试图避免人际的对抗，他们通常会表现出毫无争议的样子，用过度的礼貌去缓和出现的任何分歧。当日本人之间谈判时，这看起来没有任何问题。但如果换作是美国人，一系列的误解就会出现。[17]

每一个孤立的姿态就像一个句子里的一个单词一样，它需要和其他形式的沟通结合起来考虑。当很多独立的姿态被放在一起形成一个集群的时候，它们才能描绘出一幅更加精确的关于对方如何感受和思考的画面。

对于信息传递者而言，接收者的姿态是一种反馈。通过观察那些非语言方式表达的情感和态度，信息传递者可以分辨信息是否已被接受。[18]比如，当有人摇头，或者因为吃惊或怀疑而扬起眉毛的时候，不同意的意思就很明显了；相反，微笑和点头就是同意的信号。

触觉沟通

触觉沟通是通过接触来传递信息，比如通过握手、在背上拍一拍、用手臂搂着对方的肩膀、推一把或者打一巴掌。温和的接触，比如用手触摸对方的肩膀、一个吻或者一个拥抱，代表着支持、喜欢或者亲昵。粗暴的接触，比如太过用力地捏一个人的手、在桌子下面踢一个人或者在门廊上撞击对方，都是代表有敌意的举止，意味着负面的情绪。

语调所传递的信息

语调就是说话的方式，就像俗语常说的："说什么不重要，怎么说才重要!"简单地改变一下你的语调，就能改变字句的意思。当你说"不"的时候，试试改变你的语调：你可以表达温和的怀疑、不可思议、感到恐怖或者愤怒，你还可以用"不"来下达命令、拒绝邀请或者回答一个简单的问题。每一种语调都传递着独立和独特的感觉。在声音大小、音高、语速和清晰度间变化都可以传递出不同的含义。

不同的文化对语调的含义理解也不同。比如，如果一个美国人提高了他的声音，我们会认为他兴奋或者生气了。当对方的声音高过我们通常认为的舒服水平时，我们就很难把注意力集中在他所说的内容上，而是集中在其声音所投射出的情绪上。在拉美文化中，噪声水平线往往高于美国。正常的美国声音水平在拉美文化中会被认为过于压抑，以至于无法准确地表达出拉美人所要传达的准确含义。[19]

关于语调最重要的方面是音质的变化。当人们突然变换音质的时候，这是一个信号，表示他们要传递一些特别的东西。[20]比如，用讽刺挖苦的语气所说的话，通常和它的真实含义相去甚远。

时间所传递的信息

时间是稀有的、连续的、不可逆的资源。因此，我们花时间和谁在一起以及给他们多少时间，就能体现出我们对这些人和事的重视程度。[21]大部分人在和一个有吸引力的对象初次约会时都会提前做好准备。如果任何一方迟到很长时间，一个合理的解释就是他看上去并不怎么在乎。同样，无论准确与否，通常团队对于经常开会迟到的人都会假设他并不重视这个集体。

人际距离学

人际距离学关系到用物理空间来沟通。人际距离学被用于沟通的三个主要方面是领地、物品、个人空间。[22]

领地　当你课间休息后回到教室看到有人坐在你的座位上时，你有什么感受？或者有人站得离你太近以至于你已经觉得不舒服了，你又有什么感受？空间在沟通中产生的作用会因文化而不同，人们会用各种方式拓宽自己的领地来获得力量和保护隐私。当我们闯入他人的空间或者守护我们自己的空间时，我们其实是通过改变空间进行着无声的表达。当你走入一间会议室时，你可以通过安置物品建立一个半私人的领地：铺开笔记本和文件夹，在桌子上放一杯咖啡，或者在椅背上搭一件衣服。通过分配私人领域，比如一间办公室，可以反映出你所处的状态，因为有限的资源被分配给你独自占用。你可以通过把人们关在门外或者举办私密会议来告诉别人你和他们的重要性不同。你的私人空间越大，就表示你越重要。

物品　在你空间里的东西也对别人表达着什么。一张整洁的办公桌或者掌上电脑传递着效率。空间里的私人物品，比如奖杯、照片、图画、植物和其他装饰也同样在向别人传递着信息。

个人空间　我们每个人都有着看不见的个人领域，像一个私人气球。我们觉得对这个空间有着所有权，除非是受邀请的人，否则我们会讨厌别人进入我们的领域。这个私人气球确切的大小会因为文化差异和个体差异而有所不同，比如成年人通常会在有人进入到自己身边 2 英尺（约 0.6 米）的范围内时就感到焦虑。在和已经熟悉的团队成员会面时，人们通常觉得舒服的个人空间是 2 ~ 4 英尺（约 0.6 ~ 1.2 米）。当你进入他人的个人空间时，对方的反应可以看作他们是否喜欢你的一个非语言信号。

人们通常被分为两种主要的空间关系学类别。空间上的偏好基于个人和经验要素。例如，美国人和北欧人可以被划分为"非接触"群组，因为他们在交流时很少有肢体接触，并且保持相对较大的个人空间；阿拉伯人和拉美人是典型的"接触"群组，他们通常站得非常近，而且在说话时有很多触摸。当人们不适应对方的个人空间时，就会感到不舒服，并且产生不信任和大量误解。"接触"群组的人可能会在不知情的情况下距离"非接触"群组的人太近，这会让后者感到很不舒服。

形象沟通[23]

人们总是通过封面来评判一本书。同理，通过着装、发型、装饰和其他外在的方面，我们也传递着自己的价值观和期望。人们对自己所期待的形象会表现出热情，但通常很难克服通过一个糟糕的第一印象去发现对方潜藏的内涵。

通过初次见面时的着装、声音、打扮、握手的方式、眼神的接触和身体姿态所建立起来的第一印象是一个长久的形象。第一印象可以突出你所拥有的知识的深度和广度，会为你建立可信度，获得他人的尊重，以及帮助你与他人建立密切的人际关系。灵活、热情、诚挚会为你创造一个积极的形象，会有助于你与他人沟通的有效性。在衣着方面，不同的颜色、风格（比如，正式装和休闲装）和材质有着不同的含义。[24]

注释

1. Om P. Kharbanda and Ernest A. Stallworthy, "Listening – A Vital Negotiating Skill." *Journal of Managerial Psychology*, Vol. 6, No. 4(1991), pp. 6-9,49-52.

2. J. Crocker, Paper presented at the Speech Communication Association meeting(Minneapolis, MN, 1978). Reported in D. A. Whetten and K. S. Cameron, *Developing Management Skills* (Glenview, IL: Scott-Foresman, 1984), p. 218.

3. Gerald M. Goldhaber, *Organizational Cimmunication*, 4th ed. (Dubuque, IA: William C. Brown, 1980), p. 189.

4. Carl R. Rogers and Richard E. Farson, *Active Listening*(Chicago, IL: Industrial Relations Center of the University of Chicago, 1976).

5. Ralph G. Nichols and Leonard A. Stevens, *Are you Listening*? (New York: McGraw-Hill, 1957.)

6. Phillip L. Hunsaker and Anthony J. Alessandra, *The Art of Managing People*(New York: Simon & Schuster, 1986).

7. Kevin J. Murphy, *Effective Listening*(New York: Bantam Books, 1987).

8. Ibid.

9. Ibid.

10. F. Williams, *The New Communications*(Belmont, CA: Wadsworth, 1989), p. 45.

11. Ibid.

12. A. Mehrabian, "Communication Without Words," *Psychology Today* (September 1968), pp. 53-55.

13. Paul Ekman, "Facial Expression and Emotion," *American Psychologist*(April 1993), pp. 384-392.

14. J. W. Gibson and R. M. Hodgetts, *Organizational Communication: A Managerial Perspective* (Orlando, FL: Academic Press, 1986), p. 95.

15. Ibid.

16. Albert Mehrabian, *Nonverbal Communication* (Chicago, IL: Aldine/Atherton, 1972), pp. 25-30.

17. Om P. Kharbanda and Ernest A. Stallworthy, "Verbal and Non-Verbal Communication," *Journal of Managerial Psychology*, Vol. 6, No. 4(1991), pp. 10-13,49-52.

18. G. I. Nierenberg and H. H. Calero, *How To Read a Person Like a Book* (New York: Pocket Books, 1973).

19. J. W. Gibson and R. M. Hodgetts, *Organizational Communication: A Managerial Perspective* (Orlando, FL: Academic Press, 1986), pp. 103-105.

20. R. Rosenthal et al., "Body Talk and Tone of Voice: The Language without Words," *Psychology Today*(September 1974), pp. 64-68.

21. Phillip L. Hunsaker and Anthony J. Alessandra, *The New Art of Managing People*(New York: Free Press, 2008), Chapter 12.

22. P. L. Hunsaker, "The Space Case," *Registered Representative*(April 1984), pp. 67-72.

23. Phillip L. Hunsaker and Anthony J. Alessandra, *The Art of Managing People*(New York: Free Press, 2008), pp. 180-186.

24. Anat Rafaeli and Michael G. Pratt, "Tailored Meanings: On the Meaning and Impact of Organizational Dress," *Academy of Management Review* Vol. 18, No. 1(1993), pp. 32-55.

第七章

提供反馈

自我测评：我的反馈方式

针对表 7 - 1 中的描述，选出与你的做法最吻合的答案。请依照你已发生或将发生的真实行为来选择，而不是你认为应该如何行动。

表 7 - 1　反馈方式测试

描述	选项		
	经常	有时	很少
1. 反馈是针对与工作相关的具体行为的。	——	——	——
2. 我的反馈偏向描述而非判断。	——	——	——
3. 我倾向于将反馈集齐，在年终审核时与他们细谈。	——	——	——
4. 确保对方理解我的建议。	——	——	——
5. 批评的同时提供建议，帮助对方改善。	——	——	——
6. 反馈时提及对方过去的表现和未来的潜质。	——	——	——

得分与解析

第 1、2、4、5 和 6 题选择"经常"计 3 分，选择"有时"计 2 分，选择"很少"计 1 分。第 3 题的计分方式与其他题相反。

总分在 16 分及以上，说明你提供反馈的技术非常娴熟；在 13～15 分，说明你有些不足；在 13 分以下说明你还有很多地方尚需锻炼。

技能概念

问问管理者们会给员工多少反馈，你应该会得到一个比较合格的答案。如果是积极反馈，那么就会被迅速而热情地表达出来；如果是消极反馈，情况就不同了。像我们中的大多数人一样，管理者也不喜欢一直忍着坏消息不说，但他们害怕伤害到对方或者需要先让对方卸下防备。结果，消极反馈就常被回避、推迟或者过度扭曲。[1] 本章旨在告诉你提供积极反馈或消极反馈的重要性，以及进行有效反馈的具体技巧。

"反馈"是什么意思呢？反馈，是同当事人沟通与他们的行为相关的信息，以及对你的影响。[2] 尽管我们担心本章太着力于绩效表现的反馈，但这里提到的技巧可以被推广到任何人际反馈中。当你告诉邻桌，他们抽烟使你很不舒服的时候，你就是在给他们提供反馈。

反馈的价值

要有技巧地提供反馈的一个重要原因是，这可以提升员工表现。[3] 有若干原因可以说明它有效。

第一，反馈能让一个事先没有目标的员工制定目标。在之前的章节中我们也讨论过，以目标为动力能够引导更好的表现。第二，有了目标，反馈会让员工了解自己离目标还有多远，而积极的反馈是正面的强化剂。第三，如果反馈说明了员工表现不足，会令他们更加努力。同时，反馈的内容可包括除付出更多努力外的其他提高绩效的建议。第四，向员工提供反馈显示了管理者对他们工作的关心。所以，反馈是一种间接的认可，能激励人们往高处走。[4]

积极反馈与消极反馈

我们之前提到，管理者对于积极反馈和消极反馈的态度是不同的。反馈者呢？也一样。你需要了解这种情况，调整自己的方式。

积极反馈能更准确、更情愿地被接收。积极反馈总是被接纳，但消极反馈却常常遭到抵触。[5] 为什么？合理的解释是人们更喜欢听好消息而不是坏消息。积极反馈更符合多数人心目中的自我预期，更中听。

那么，这就意味着你要回避消极反馈了吗？并非如此。这意味着你要意识到潜在的抵触，从而在适当的情况下给予消极反馈。[6] 什么是适当的情况？研究表明，以客观形式出现或者来源可靠的消极反馈更易被接纳。主观评判仅仅来自一个位高权重的威望人士时，会有所影响。[7] 这就说明，以具体数据、数字、案例等为支持的消极反馈，被接纳的可能性较高。消极反馈可能成为公司中身居高位的管理者的有效工具。而级别较低或者尚未树立威信的管理者提出的消极反馈可能不会被接纳。

何为提供反馈？

现在，我们来讨论基本的反馈技巧。下面的法则可以指导你如何、何时提供反馈。

1. 强调具体行为。反馈应当具体而非泛泛而谈。[8] 不要说"你态度不好"或者"我很欣赏你的工作"之类的话。这种评价是模糊的，尽管也传达了信息，但并没有明确地告诉对方如何改正不好的态度或者你是如何评断对方的工作做得好的。设想你这样说："鲍勃，我真的很担心你的工作态度。昨天的员工会议你迟到了半小时，并且没有预读会上要讨论的报告。今天你又告诉我要提前 3 小时下班去看牙医。""简，我对你对接飞利浦这个客户的工作感到高兴。上个月，他们增加了 22% 的订货量。而且前几天我接到了丹·菲利普斯的电话，他称赞你在 MJ－7 芯片修改说明书一事上的迅速反馈。"这些说法都提到具体行动，让对方知道你为什么不满或者满意。

2. 就事论事。反馈，尤其是消极反馈，最好是陈述性的而不是评判性的。不管你多生气，反馈都要就事论事，不要因为一个不当的行为而指责当事人本身。[9] 告诉当事人他很蠢、能力很差等，都是无助于保证或提高工作效率的。它会激怒别人，导致工作表现这件事会被忽略。如果你要批评别人，就要确保你是在评价工作相关的行为，而不是当事人。你可能想告诉别人他很没礼貌、很粗鲁（这很可能是真的），但这很难不针对个人。你可以换种更好的说法："你明知我在跟苏格兰的客户打国际电话，却因为并不紧急的事情打断了我 3 次。"

3. 确保反馈的目标导向。反馈不该简单地被丢到对方身上。如果你不得不说些负面的话，要确保它与实现对方的目标有关。[10] 反问你自己："反馈有益于谁？"如果仅仅是你自己——"我就是不吐不快"——那就封住你的嘴。这种反馈会破坏你的信誉，降低你日后反馈的影响力。

4. 把握好反馈时机。反馈最有效的时机是在行为发生之后不久。比如，球员在比赛中犯错之后不久，教练对此提出改善要求，球员会更愿意响应。[11] 最好是刚完成比赛，或者几天后观看比赛录像时，而不是几个月后。如果你要费神地去唤起对方的记忆，再现当时的情景，你的反馈很可能就没意义了。[12] 如果你很希望对方改正不当行为，而你推迟对不当行为的批评，这种批评对改正不当行为的影响力就很小。[13] 但如果你仅仅是为了马上反馈而采取行动，你就有可能会伤到自己，特别是当你理由不足、特别生气或情绪激动时。这种情况下，"稍后一些"可能意味着好的时机。

5. 确保被理解。你的反馈足够简洁、全面，让对方能清楚完整地领会吗？任何成功的沟通都要靠意思的理解。要想让反馈有效，你就要确保对方理解了你的意思。[14] 如倾听技巧中所说，你可以让对方重复你的话，看他是否真的领会了你的意思。

6. 如果是消极反馈，确保是对方可控的行为。提醒别人无法控制的问题是没有意义的。因此，消极反馈应该针对对方可控的行为。[15] 例如，批评因为忘了定闹铃而迟到的员工是合理的，但批评员工因为地铁停电被困半小时而迟到就没有意义了，因为他对地铁停电也束手无策。

另外，当消极反馈中提到对方可以改变的事情时，同时说明对方可以做些什么是不错的做法。这让批评显得不那么难堪，同时也使不知怎么改善的当事人得到了帮助。

7. 根据个人情况提供适当的反馈。最后一点建议是考虑一下反馈的对象。根据他过去的表现和预估未来的潜质来决定反馈的频率、数量和内容。[16]对于表现好且仍有潜质提升的人，反馈次数要足以让他们更上一层楼，但不要过于频繁，否则会让他们备感束缚，伤害他们的主动性。对于表现恰如其分、潜力较小的人，不要给予太多反馈，因为他们的表现很稳定，知道自己需要做什么。对于表现较差的人——那些再不称职就会被解雇的人，反馈需要经常而具体，要清楚地阐明再不努力就会被解雇的事实。

注释

1. Cynthia Fisher, "Transmission of Positive and Negative Feedback to Subordinates: A Laboratory Investigation," *Journal of Applied Psychology* (October 1979), pp. 533-540.
2. Cyril R. Mill, "Feedback: The Art of Giving and Receiving Help," in Larry Porter and Cyril R. Mill (eds.), *The Reading Book For Human Relations Training* (Bethel, ME: NTL Institute for Applied Behavioral Science, 1976), pp. 18-19.
3. Judith L. Komaki, Robert L. Collins, and Pat Penn, "The Role of Performance Antecedents and Consequences in Work Motivation," *Journal of Applied Psychology* (June 1982), pp. 334-340; Edwin A. Locke and Gary P. Latham, *GoalSetting: A Motivational Technique That Works!* (Englewood Cliffs, NJ: Prentice Hall, 1984).
4. Robert E. Coffey, Curtis W. Cook, and Phillip L. Hunsaker, *Management and Organizational Behavior* (Burr Ridge, IL: Austin Press/Irwin, 1994).
5. Daniel Ilgen, Cynthia D. Fisher, and M. Susan Taylor, "Consequences of Individual Feedback on Behavior in Organizations," *Journal of Applied Psychology* (August 1979), pp. 349-371.
6. Fernando Bartolome, "Teaching About Whether to Give Negative Feedback," *Organizational Behavior Teaching Review*, Vol. 11, Issue 2 (1986–87), pp. 95-104.
7. Keith Halperin, C. R. Snyder, Randee J. Shenkel, and B. Kent Houston, "Effect of Source Status and Message Favorability on Acceptance of Personality Feedback," *Journal of Applied Psychology* (February 1976), pp. 85-88.
8. Robert E. Coffey, Curtis W. Cook, and Phillip L. Hunsaker, *Management and Organizational Behavior* (Burr Ridge, IL: Austin Press/Irwin, 1994).

9. Tony Alessandra and Phillip Hunsaker, *Communicating at Work* (New York: Simon & Schuster, 1993), pp. 86-90.

10. Cyril R. Mill, "Feedback: The Art of Giving and Receiving Help," in Larry Porter and Cyril R. Mill (eds.), *The Reading Book for Human Relations Training* (Bethel, ME: NTL Institute for Applied Behavioral Science, 1976), pp. 18-19.

11. Ibid.

12. Kathleen S. Verderber and Rudolph F. Verderber, *Inter-Act: Using Interpersonal Communication Skills*, 4th ed. (Belmont, CA: Wadsworth, 1986).

13. Lyle E. Bourne, Jr. , and C. Victor Bunderson, "Effects of Delay of Information Feedback and Length of Post-Feedback Interval on Concept Idenyification," *Journal of Experimental Psychology* (January 1963), pp. 1-5.

14. Cyril R. Mill, "Feedback: The Art of Giving and Receiving Help," in Larry Porter and Cyril R. Mill (eds.), *The Reading Book for Human Relations Training* (Bethel, Maine: NTL Institute for Applied Behavioral Science, 1976), pp. 18-19.

15. Kathleen S. Verderber and Rudolph F. Verderber, *Inter-Act: Using Interpersonal Communication Skills*, 4th ed. (Belmont, CA: Wadsworth, 1986).

16. Larry L. Cummings, " Appraisal Purpose and the Nature, Amount, and Frequency of Feedback. " Paper presented at the American Psychological Association meeting, Washington, DC (September 1976).

第八章

跨文化的沟通交流

自我测评：我与不同文化背景的人交流得如何？

针对表 8 - 1 中的描述，选出与你在和不同文化背景的人交流时的行为最吻合的答案。

表 8 - 1　有关跨文化沟通交流的测试

描述	选项		
	经常	有时	很少
1. 在相似性被证明之前，我会假设是有差异性的。	＿＿	＿＿	＿＿
2. 我注重评判而不是描述。	＿＿	＿＿	＿＿
3. 我会从对方的文化视角出发去解读他的行为，而不是我的。	＿＿	＿＿	＿＿
4. 我将我的初次解读视为尝试性假设而非事实。	＿＿	＿＿	＿＿
5. 我很注意反馈。	＿＿	＿＿	＿＿
6. 如果我们说着同样的语言，我会认为同样的语句意思是一样的。	＿＿	＿＿	＿＿
7. 我不认为在不同文化中面部表情代表着同一种意思。	＿＿	＿＿	＿＿
8. 我认为直视对方双眼代表着诚实、兴趣、开放和自信。	＿＿	＿＿	＿＿
9. 如果对方提高音调或音量我会缓和，因为这表示他很生气或激动。	＿＿	＿＿	＿＿
10. 我用固有印象来理解他们的行为。	＿＿	＿＿	＿＿

得分与解析

第 1、3、4、5 和 7 题选择"经常"计 3 分，选择"有时"计 2 分，选择"很少"计 1 分。第 2、6、8、9 和 10 题的计分方式相反。计算总分，得分为 27 分及以上说明你与来自不同文化背景的人沟通有道；得分在 22～26 分，说明你有些不足，需要改进；得分为 22 分以下则说明你在与不同文化背景的人交流时有不少坏习惯，需要学习和练习本章中的技巧。

技能概念

即使共事的人都有着同样的文化背景，想要有效地沟通也不是易事。如果公司里充满各种文化背景和语言，就会使沟通难上加难。信息传递者和接收者之间的背景差异越大，某些语句和行为表达的意思的差异也就越大。不管是国籍差异、性别差异，还是同一个国家的亚文化差异，都是如此。

全球文化差异

多数欧洲商务人士都会说多种语言，而一般美国商务人士只说英文。同一年度，学习英文的日本人有 2000 万之众，但学习日文的美国人只有 2.3 万人。[1] 尽管如此，世界上的大部分人还是不懂英文，于是在目前的国际商业环境下，学习外语成为必需。

当你在国际化的环境中工作时，认识到跨文化交流的不易相当重要。跨文化交流受到很多因素的影响。下面我们讨论其中一些重要的因素。

在不同文化中，解读、行动和互动方式有所不同

在国际化环境中工作的人，应该承认并且理解不同文化有着不同的解读、

行动和互动方式。认为一种在美国有效的沟通方式在其他地方同样适用的想法是武断的。在意大利，一个早上 7:30 的会议没人会出现，美国管理人员一定会对此感到非常吃惊。另外，他也不会理解为什么意大利人在 18:00 不收工吃饭，而要等到 22:00 或者 23:00。

同样的话对于不同文化背景的人意思不同

即使两个人在说同样的语言，对不同文化背景的人而言，同样的词句也可能具有不同的意思。比如，对美国人来说，"这可很难办"的意思是需要调整方法或者付出更多代价，但仍能做到；而对日本人而言，却是"这不可能"的意思。再举一个非语言的例子，美国人觉得保持眼神接触很重要，否则就是不诚实或者不礼貌；但另一方面，日本人在与上级说话时会垂下眼睛以示尊重。[2]

同样的非语言行为对于不同文化背景的人意思不同

很多动作和文化密不可分，容易被误解。比如，美国人会常常误解日本人的肢体语言。日本人在回避个人冲突时，常常用无可厚非的风度和过分的礼貌来缓解出现的任何尴尬。在内部商谈时，这没什么问题。但遇到美国人，这就可能会产生严重的歧义。[3]

相同的面部表情在不同文化中也有不同的意思，比如在美国用上下点头来表示"同意"，而在印度则用左右摇头来表示。[4]

眼神接触的意义也十分迥异。直接的眼神接触在美国一般来说被认为是诚实、感兴趣、开放和自信的表现。如果回避眼神接触，北美人会感觉对方很尴尬、很紧张或者在掩饰什么；但在拉美文化里，地位较低的人通常不直视上级的脸。而在美国，缺少眼神接触被理解为是欺骗的信号。[5]

声音的意义也不尽相同。比如，一个美国人提高音量，我们认为他生气或激动，因而注意到他的情绪。但在拉美文化中，人们日常普通音量就比美国人高。用美国人的普遍音量与拉美人交流，可能会被认为太小心翼翼，不够认真和投入。[6]

固有印象会导致误解

类型化和固有印象，不管是有意还是无意，的确是了解不同场合的手段。但是，在多文化环境中，类型化和固有印象就会造成严重的误解。[7]美国管理者可能认为7:30没来开会的意大利员工不关心工作，但他们可能忽视了意大利人前一晚一直工作到23:00。基于类型化或固有印象，美国管理者臆断了意大利员工的行为，而不是客观地去理解。这导致了严重的误解和接下来更严重的问题。

性别差异

在同一个国家，性别有可能造成亚文化差异。以美国为例，男性常常强调地位差别来寻求独立；而女性则通过交流来寻求人际联系，因为她们更需要亲密的关系。男性认为女性常常抱怨他们的问题，而女性则批评男性不肯倾听。男性爱抛事实、讲道理来树立自己的权威地位，而女性则更看重关系本身和两个人的和谐共处。[8]在女性寻求理解、支持和关心时，男性却从自身的控制欲出发，提供一些无谓的解决方法。[9]

男性管理者的沟通方式多为以结果为导向、具有主导性、咄咄逼人，并试图掌控整个对话。举例来说，男性说得多，打断得也多。女性更倾向于倾听和接收信息，并专注在人际关系上，关心他人，她们会给出更多的反应和情感支持。[10]

女性发音比男性更准确，而男性则倾向于缩短尾音（例如，发成-in而不是-ing）。[11]男女的措辞也不相同。女性惯用较强烈的副词，如"实在太友好了"；而男性则会用描述性和定义性的词汇。

女性更喜欢用合理化措辞，用一些使交流更柔和、更合理的词句。她们的表达不那么绝对和强势，比如"可能""你懂的""只是我个人的想法"等。[12]

女性常用反问句，以合理化措辞结尾来征求对方同意。用这种方式说话时，她们自然也就会屈服于他人："该休息一下了，对吗？""我们是对的，是吗？"加上这些反问词，女性说话者就给人一种不确定的感觉，同时也交出了决定权。[13]

男性和女性在网络上使用的语句也有非常明显的区别。网络用语的区别取决于说话人的目的。男性的强势表达比女性多很多。[14]男性使用更加开放、强势的说法，甚至包括人身攻击和贬损。但是，女性却表达出支持及与对方加深感情的意愿。她们更常直接说感谢，而男性却不会。男性喜欢表达自己的个人观点，好掌握对话的主动权。女性则专注于对话本身。男性把电子邮件当成获取有价值的信息的工具，以及拓展自己权威和影响力的有效途径；而女性则是用它来巩固现有关系并发掘新关系。

跨文化交流的改善指南

成功的跨文化商务交流每天都在进行。熟悉本土文化和不同文化的差异，会有助于你与不同文化、亚文化的伙伴进行有效沟通。下面是帮助你改善跨文化交流的具体指南。[15]

在一致性被证明之前，假设是不一致的

成功的跨文化交流者明白自己并不了解不同文化背景的人的观点或特定表达。他们不会认为别人解读语言或行为的方式跟自己一样。所以，为了避免尴尬的误会，你首先要假设差异的存在，直到你发现你与对方的文化是相似的。

强调描述，而非解读或评判

在观察和诠释所有相关文化的观点之前，成功的跨文化交流者不会轻易判断。描述重在观察而非解读或评判，这两者都基于观察者的自身文化背景，而不是基于事实。

移情换位思考

当你试图理解来自不同文化的人的语言、动机和行为时，你要尝试站在对方的文化角度而非自身的文化角度。如果站在自身的文化角度，而当对方的价值观、经验和目标与你完全不同时，你可能会错误地解读对方的语言、动机和行为。因此，为了减少跨文化交流中的误会，站在不同文化角度去思考和审视很重要。

在真正确认之前，一切只是猜测

如果不能确定你对某个行为的理解是否正确，你就要和对方确认。你的第一反应只能当作猜测而不是事实。要注意向对方反馈你的猜测，以免接下来出现严重的误解和其他问题。

注释

1. Phillip Harris and Robert Moran, *Managing Cultural Differences*, 3rd ed. (Houston, TX: Gulf Publishing, 1991), p. 13.
2. Jeswald Salacuse, *Making Global Deals* (Boston, MA: Houghton Mifflin, 1991), pp. 14-15.
3. Om, P. Kharbanda and Ernest A. Stallworthy, "Verbal and Non-Verbal Communication," *Journal of Managerial Psychology*, Vol. 6, No. 4(1991), pp. 10-13, 49-52.
4. J. W. Gibson and R. M. Hodgetts, *Organizational Communication: A Managerial Perspective* (Orlando, FL: Academic Press, 1986), p. 95.
5. Ibid.
6. Ibid., pp. 103-105.

7. N. J. Adler, *International Dimensions of Organizational Behavior*, 3rd ed. (Cincinnati, OH: SouthWestern College Publishing, 1997), pp. 74-75.

8. Herminia Ibarra and Kristin M. Daly, *Gender Differences in Managerial Behavior: The Ongoing Debate* (Boston, MA: Harvard Business Press, March 12, 1995), pp. 1-5.

9. Deborah Tannen, *You Just Don't Understand: Women and Men in Conversation* (New York: Ballantine Books, 1991), pp. 24-25.

10. J. Bard and P. Bradley, "Styles of Management and Communication: A Comparative Study of Men and Women," *Communication Monographs* 46(1979), pp. 101-111.

11. J. Hunsaker and P. Hunsaker, *Strategies and Skills for Managerial Women* (Cincinnati, OH: SouthWestern Publishing, 1991), pp. 252-253.

12. B. Eakins and R. Eakins, *Sex Differences, in Human Communication* (Boston, MA: Houghton, Mifflin, 1997), pp. 117-119.

13. J. Hunsaker and P. Hunsaker, *Strategies and Skills for Managerial Women* (Cincinnati, OH: SouthWestern Publishing, 1991), p. 139.

14. Paolo Rossetti, "Gender Differences in E-mail Communication," *The Internet TESL Journal*, http://iteslj. org/Articles/Rossetti-GenderDif. html. Retrieved April 28, 2010.

15. N. J. Adler, *International Dimensions of Organizational Behavior*, 5th ed. (Cincinnati, OH: SouthWestern College Publishing, 2008), pp. 88-93.

Training in Interpersonal Skills :

Tips for Managing People at Work

第三部分

激　励

第九章
为他人制定目标

自我测评：为他人制定目标

根据表 9-1 中的描述，选出与你对待员工的做法最吻合的答案。请依照你已发生或将发生的真实行为来选择，而不是你认为应该如何行动。如果你没有管理经验，设想自己是管理人员来回答问题。

我的员工享有表 9-1 中的这些：

表 9-1　为他人制定目标的相关测试

描述	选项		
	经常	有时	很少
1. 制定个人目标完全自主。	____	____	____
2. 目标是关于所有工作相关的关键领域的工作绩效。	____	____	____
3. 制定高于目前实力的目标以使其拓展和提升。	____	____	____
4. 有机会参与员工的目标制定。	____	____	____
5. 对于如何实现为员工制定的目标有发言决策权。	____	____	____
6. 员工可以自主决定何时完成被分配的目标。	____	____	____
7. 有足够的技能和培训使员工去完成目标。	____	____	____
8. 有足够的资源（时间、资金、设备）使员工去达成目标。	____	____	____
9. 有对员工朝目标进步的程度的积极反馈。	____	____	____
10. 有根据员工的努力程度分配的奖励（加薪、升职、假期）。	____	____	____

得分与解析

第 2、4、5、7、8 和 9 题选择"经常"计 3 分，选择"有时"计 2 分，选择"很少"计 1 分。第 1、3、6 和 10 题的计分方式相反。

计算总分，得 26 分及以上，说明你为他人制定目标的技术非常成熟；得 21～25 分，说明你需要提高；得 20 分及以下，说明你还有很多地方尚需锻炼。

技能概念

员工对他们所从事的工作的目标应该清楚。同时，管理者对于协助员工制定工作目标有不可或缺的责任。这两者显而易见。员工需要清楚他们要做些什么，而管理者则要提供相关指导。看似简单，其实不然。

目标制定常被管理者忽视。[1] 其实，很多管理者并未掌握好这项复杂的技能。若管理者能按本章所示的步骤去制定目标，就有望看到员工更好的绩效表现。[2] 他们也更可能得到这样的反馈："我终于知道你期望我做到什么了!"

有效目标的基本原则

有五项基本原则能帮你为员工规划和制定目标：①具体；②有挑战性；③设定完成时间；④由双方商定；⑤设定阶段性反馈。

1. 具体。只有当目标能被证实和被测量时，它才是有意义的。用量化的方式表述是最佳方法，比如："钻三口井"而不是"钻井"；"支出控制在 10 亿美元之内"而不是"省钱"；"在我的领域内增加 10% 的销量"而不是"尝试增加销量"；"这学期要拿到至少 3 个 A 和 2 个 B"而不是"我要尽力而为"。[3] 当员工对结果的认知非常清晰时，达成目标的概率就会大大提高。

2. 有挑战性。目标要有一定的难度，让员工能得到锻炼。如果目标太容易实现，就会失去挑战性；如果目标难到不切实际，就会让人非常受挫以致最终放弃。对于员工而言，目标应该具有挑战性但也要力所能及。记住，对于某人而言是"有挑战性"，但对于另外一个人而言可能会是"做不到"。问题在于他怎么看这件事。对于经历了较多成功而具备高度自信的人而言，有难度的目标更会被看作"有挑战性"而非"做不到"。[4]

3. 设定完成时间。开放性的目标常因缺乏紧迫感而被忽视。因此，无论多久，目标都需要附加时间限制。[5] 相对于"我要以不低于 85 分的成绩完成银行管理培训课程"，具备时间限制的目标应为"明年 2 月 1 日前，我要以不低于 85 分的成绩完成银行管理培训课程"。

4. 由双方商定。目标通常通过两种方式制定：由管理者单方制定，或者由管理者和员工共同商定。有研究对比了这两种制定方式与员工绩效表现之间的联系，但结果并不明显。[6] 当目标的难度一般时，两种方式制定的目标都常常会被实现。[7] 但是，有员工参与的制定方式的确让员工对于追求更高难度的目标产生了主动性。[8] 同时，双方商定的目标也更容易被接受，而被接受的目标也更易被实现。[9] 因此，尽管单方分配的目标和双方商定的目标都能被有效实现，但是后者更易产出高标准的目标和激发执行者更多的投入。员工参与让整个制定过程更易被接纳。相对于被直接强加到头上，员工对于主动参与的过程会表现出更少的抵触和质疑。

5. 设定阶段性反馈。反馈能让人们知道自己的努力是否足够。同时，它也能引导员工在完成前一阶段的目标后制定更高的目标，并提示他们如何提升。理想的情况下，阶段性反馈应该是不言自明的，而不是外部追加的。[10] 当员工能够自我监督目标完成进展时，反馈就不会带来被控制感和压力。

如何制定目标？

为了让结果最优化，以下 7 个步骤需要你做到：[11]

1. 将整体目标和任务具体化。当你确定你对员工的期望产出时，目标制定就开始了。最佳方式是通过该员工的职位描述将信息细节化。例如，在此职位需要完成哪些任务？如何完成这些任务？最终结果要达到何种程度？

2. 将绩效表现的评估方式具体化。在确定员工的任务后，你就可以确认如何评估产出结果。典型的评估方式是用物理单位（如产品数量、错误数量）、时间（如不错过最后期限、每天准时上班）或者金额（如利润、销售业绩、支出费用）等。有很多工作表现是很难甚至无法准确进行单独评估的。举例来说，高层管理工作是很复杂、难以清晰量化的。同样，当员工是小组中的一员时，个人贡献也很难被具体量化。在这种情况下，员工的表现将与员工能够控制的行为导向正向产出的个人行动挂钩。一位资深主管的评估标准，除了"在首月 25 日之前已完成次月业绩预测"，还可能包括"聆听员工想法"或"向员工阐释公司变动对他们的影响"。

3. 将期望水准或指标具体化。接下来，你需要确认期望表现的水准。在第 2 步中，你可能已经设定了对一个销售人员的评估标准为客户退货量。在这一步里，你可以制定一个指标，比如月度退货量低于当月销售业绩的 1%。如果选择得当，这个指标对于该员工来说就是具体而有挑战性的。

4. 将时限具体化。指标确认后，你还要设定最后期限。通常来说，级别越高，时限越长。执行员工的时限可能在 1 天到数月之间；中层管理者的时限多在 3 个月到 1 年之间；高层管理者的时限则需要 2 年、3 年，甚至 5 年。

给指标加上时限是必要的，因为这能使其更加明确。但记住，你不能武断地决定最后期限，因为任何目标带上任何时限都会令人紧张。如果有每日目标，那么时限为 1 天。如果定下季度目标，就要采取相应行动。这里有两层意思：首先，援引帕金森法则，为了将事情做得尽善尽美，常常会用满整段时限。给员工一个月去完成一周就可以完成的任务，他们真的会用一个月。其次，过分强调短期目标会拖累长期目标的表现。短期目标激励人们去获得眼前的利益，甚至不惜牺牲长期目标的利益。

5. 给目标排优先顺序。当某人被分配到多个目标时，按重要程度排序就十分必要。这样做是为了让员工对每个目标所花费的精力成比例。

6. 按难度和重要程度评估目标。 目标制定的原则不该鼓励员工选择避重就轻来确保可以完成。举一个极端的例子，尽管实际上没有人会这么说——"我的目标就是什么也不做，很高兴我做到了"。目标制定需要考虑到目标的难度，以及确保个人把精力放在正确的目标上。

在这一步中，每个目标都应该依据难度和重要程度来评估。当这些评估和实际达成水平相结合时，你就能得出一个整体表现的评估。这种机制会让员工更有信心尝试不同的目标，尽管可能不会100%完成。一个做了简单的工作并且超额完成的员工可能整体评估较低；相反，选了难度较高的工作的员工，尽管只完成了一部分，评估却较高。同样，一个拈轻怕重的员工得到的评价，不如一个尝试高难度目标哪怕尚未完成的人。

7. 确立协作要求。 某位员工的成就是否需要同僚的合作和贡献？如果是，就会产生潜在的冲突。在这种情况下，多个目标之间的协作尤为重要。如果不能成功协调相关目标，就会导致权力争端、责任推脱和重复劳动等问题。

获得目标认同

仅仅制定目标是无法确保员工认可和接受的。然而，管理者可以通过以下举动来增强员工的认可度和接受度。[12]

1. 由上而下的支持。 管理者要营造出支持的氛围，让这些目标看起来更像是厘清员工期望值的举措，而非胁迫员工的操纵手段。管理者帮助员工选择有挑战性的目标并且减少达成它的障碍，以此来表现支持的态度。这意味着，举例来说，管理者要确保员工有必要的设备、材料、时间和其他资源来完成任务。当员工认为管理者是目标的促成者的时候，管理者的支持就奏效了。

2. 调动参与。 员工在目标制定过程中的参与对于目标的接受度至关重要。然而，想要有效，这种参与必须真实。也就是说，员工必须认为管理者是诚恳地征求他们的意见。如果员工感觉参与都是形式化的举动，也就不会真正地参与。员工都很精明，如果管理者已经定好了具体目标、表现水准和最后期限，试图操控他们，又装作邀请他们参与，他们会立刻认定这是强制性的目标。

3. 了解员工的能力。技巧和能力因人而异。考虑到这些差异，每个人的目标都该依据自身能力而定。也就是说，如果将个人能力和目标难度相匹配，员工会更倾向于接受公平合理的可以实现的目标。如果管理者发现员工能力不足以达到目标的最低标准，也就是时候给员工提供额外的能力训练了。

4. 使用奖励。常言道："重赏之下，必有勇夫。"根据表现给予员工高薪、升职、表彰、休假等不同形式的奖励，是激励员工行之有效的方法。当员工在完成目标的过程中遇到困难时，他们会想"我有什么好处"。将奖励和表现挂钩能让员工找到动力。

5. 阐明期望。对于需要实现双方商定目标的员工，他们要清楚双方满意的期望值。[13]当任何一方的期望未得到满足时，愤怒、怨恨会毁了信任关系。一个公司里的员工若因为没能拿到心仪的期权数目而心生不满，那么他们的表现也不会很好。一个偷懒怠工的人会成为提升整个小组的生产力和士气的绊脚石。[14]有五个关于期望值的要素，需要在管理相互关联的合作时逐条阐明，用来协调好双方的期望，如图9-1所示。

1. 以期望的结果（而非方法）决定需要做什么事和什么时候去做。
2. 以规范详细说明在哪些参照条件下（原则、政策等）达成期望的结果。
3. 以资源决定达成期望的结果时拥有的人力、财力、技术或组织支持。
4. 以职责大小树立绩效水平的评估时间和标准。
5. 以结论的方式列出评估结果产生后的措施。

图9-1　目标合作中双方达成协议的五要素

资料来源：Stephen R. Covey, *The 7 Habits of Highly Effective people* (New York：Simon & Schuster, 1990), pp. 194-195.

在这些方面，事先有一个清晰的双向理解能让人们在期望值上达成共识，也可以树立双方共同审视自身的标准。于是，管理者也无须费心地控制员工。相反，正因为有了事先的共识，员工清楚地知道管理者的期望，而管理者要做的就是从旁协助。员工会承担起自身的责任，审视自己的表现。在很多情况下，员工知道自己如何把事情做得更好。有责任感的员工的个人判断远比管理者的旁观和评估来得精确。[15]

注释

1. Gray p. Latham and Edwin A. Locke, "Goal Setting—A Motivational Technique That Works," *Organizational Dynamics* (Autumn 1979), pp. 68-80.

2. Edwin A. Locke, Karyll N. Shaw, Lise M. Saari, and Gary P. Latham, "Groal Setting and Task Performance: 1969–1980," *Psychological Bulletin* (July 1981), pp. 125-152.

3. Edwin A. Locke and Gary P. Latham, *GoalSetting: A Motivational Technique That Works!* (Englewood Cliffs, NJ: Prentice Hall, 1984).

4. Gary P. Latham and Gary A. Yukl, "A Review of Research on the Application of Goal Setting in Organizations," *Academy of Management Journal* (December 1975), pp. 824-845.

5. Gary P. Latham and Edwin A. Locke, "Goal Setting—A Motivational Technique That Works," *Organizational Dynamics* (Autumn 1979), pp. 68-80.

6. Gary P. Latham and Lise M. Saari, "The Effects of Holding Goal Difficulty Constant on Assigned and Participatively Set Goals," *Academy of Management Journal* (March 1979), pp. 163-168.

7. Gary P. Latham and Gary A. Yukl, "A Review of Research on the Application of Goal Setting in Organizations," *Academy of Management Journal* (December 1975), pp. 824-845.

8. Gary P. Latham, Terence R. Mitchell, and Dennis L. Dossett, "Importance of Participative Goal Setting and Anticipated Rewards on Goal Difficulty and Job Performance," *Journal of Applied Psychology* (April 1978), pp. 163-171.

9. Edwin A. Locke and David M. Schweiger, "Participation in Decision Making: One More Look," in B. M. Staw (ed.), *Research in Organizational Behavior*, Vol. 1 (Greenwich, CT: JAI Press, 1979), pp. 265-339.

10. John M. Ivancevich and J. T. McMahon, "The Effects of Goal Setting, External Feedback, and Self-Generated Feedback on Outcome Variables: A Field Experiment," *Academy of Management Journnal* (June 1982), pp. 359-372.

11. Edwin A. Locke and Gary P. Latham, *Goal-Setting: A Motivational Technique That Works!* (Englewood Cliffs, NJ: Prentice Hall, 1984).

12. Gary P. Latham and Edwin A. Locke, "Goal Setting—A Motivational Technique That Works," *Organizational Dynamics* (Autumn 1979), pp. 68-80.

13. D. M. Rousseau, *Psychological Contracts in Organizations: Understanding Written and Unwritten Agreemens* (Newbury Park, CA: Sage, 1995).

14. Joyce S. Osland, David A. Kolb, and Irwin M. Rubin, *Organizational Behavior: An Experiential Approach*, 7th ed. (Upper Saddle River, NJ: Prentice Hall, 2001), pp. 11-26.

15. Stephen R. Covey, *The 7 Habits of Highly Effective People* (New York: Simon & Schuster, 1990), pp. 194-195.

第十章

辅导、建议和指导

自我测评：训导员工

对于表 10 - 1 中的行为，你认为在训导员工当中是否有效？请圈出"是"或者"否"。

表 10 - 1　有关训导员工的测试

描述	选项	
1. 准确解释如何完成这项工作。	是	否
2. 明确说出我所期待的结果。	是	否
3. 身体力行，树立榜样。	是	否
4. 提供长期职业规划。	是	否
5. 提供共同决策的合作方式。	是	否
6. 积极地倾听。	是	否
7. 尊重每个人的个性。	是	否
8. 着力将每个人的表现都提升到最低标准。	是	否
9. 原谅员工的错误。	是	否
10. 下放绩效结果的责任给那些负责任的员工。	是	否
11. 如果可以，为员工提供帮助而不是说教，因为帮助见效更快。	是	否
12. 将意见反馈留到年终绩效审核时一次说完。	是	否
13. 根据不同的问题灵活变动你的辅助方式。	是	否
14. 无论真正的问题是什么，都会表现出尊重员工自我价值的热情态度。	是	否
15. 将错误当成学习的机会来处理。	是	否

得分与解析

参考以下答案，你的选择与答案一致时计 1 分，以此推算出总分。

（1）否；（2）是；（3）是；（4）否；（5）是；（6）是；（7）是；（8）否；（9）否；（10）否；（11）否；（12）否；（13）是；（14）是；（15）是。

正确答案数目是：_____。

总分在 12 分及以上，说明你对训导员工有成熟的方法；总分在 8~11 分，说明你可能在提供帮助方面不错，但在其他方面技巧尚缺；总分在 7 分及以下，说明你绝大多数训导员工的技能都需要大幅提高。

技能概念

训导员工并帮助他们提升能力是管理人员的重要工作内容。这对企业、管理者自身和员工是三赢的事情。首先，管理者能将更多的职权放心地下放给成熟、能干的员工，从而减轻自己的工作负担。其次，帮助员工解决个人问题、提升工作技能，也会激励他们表现得更好。

在讨论具体的程序和技能之前，有一点需要指出：不是所有的训导都应当或需要由管理者来完成。在大部分企业内部，员工互助体系使得那些资深员工可以私下与后辈分享经验，帮助他们提高工作技能。有时企业会将这种体系发展成正式的训导系统，给资深员工分配新人。资深员工将在这些新人成长的过程当中充当教练和导师的角色。

帮助员工

这一章旨在让你通过协助员工解决个人问题和拓展工作能力来训导员工，包括如何辅导他们以帮助他们提高绩效表现，如何提供解决个人问题的建议和长期职业规划的指导。

辅导与建议的意义相似但有所不同。它们的共同之处在于目标都是提高个人绩效表现。然而，辅导与能力相关，建议则涉及个人问题。当人们需要被帮助来掌握技能或者熟悉规则时，他们就需要别人的辅导。例如，当新人不知道如何组织内部会议时，你可以教他们，让他们练习，并且给出意见。但当新人面临个人问题，如态度、感情或家庭问题时，他们就需要你的建议。

辅导和建议基本都采用相同的解决问题的方式：倾听并理解、找出问题、列出解决方案、选择解决方案，并付诸行动。两者需要同样的技巧：营造支持的氛围，主动倾听，悉心理解且不做主观判断，协同解决问题，并且让员工自己去实施而不是你亲自动手。以下行动会让你更得心应手地运用这些技巧。

锁定问题来源

当员工的表现差强人意时，你应如何正确地提供帮助呢？这取决于问题的起因。引发不佳表现的原因一般都不止一个，有些在当事人的控制范围内，有些却不在。你可以自问以下问题来确定如何提供最合适的帮助：[1]

1. 当事人自身是否意识到表现欠佳？如果答案为否，你可以着手让其有所认知。

2. 表现欠佳是否是因为员工并不清楚你的期望值？如果是，你要开始阐明期望。

3. 当事人是否因不可控的因素妨碍了表现？如果是，请着手铲除障碍。

4. 当事人是否知道如何完成该项任务？如果否，请予以辅导。

5. 尽管表现不错，但可能会产生负面后果吗？如果是，请设法消除负面后果。

6. 表现不佳，却受到褒奖？如果有这种情况，请设法减少这种错误的积极反馈。

如果上述步骤都已经得到准确实施，而员工仍然表现不佳或缺乏斗志，这时就该与之商讨，审视是否为个人问题。虽然辅导、建议和指导过程因人而异，但在进行之前、进行当中和进行之后都有一些共通的步骤，具体可以参见图 10 - 1 中的总结。

进行之前：
- 掌握事态的全部相关信息。
- 选择适当的训练方式。
- 预计对方对于你们的沟通会有何种反应和感受。
- 揣摩如何用最佳的方式向对方表达你的想法。

进行当中：
- 讨论辅导、建议和指导的目的。
- 让对方感到自在。
- 用开放式的沟通和信任营造无戒备的氛围。
- 赞扬表现不错的部分。
- 双方讨论问题所在（表现或态度）。
- 双方确认问题的来源。不要主观地对行为做心理分析或阐释；相反，要征询对方的意见，例如询问：“你认为是什么导致了刚才所说的缺乏动力呢？”
- 帮助对方拟订一个包含明确时间和目标的行动计划。
- 确保准确传达期望值。
- 总结双方达成一致的意见。
- 言明你对对方自我改变的能力具有足够的信心。

进行之后：
- 跟进观察对方的改变进度。
- 如有必要，针对行动方案进行调整。

图 10 - 1　实现有效帮助的指南[2]

展开主动关怀

一旦开始辅导、建议和指导，你就身在协助关系当中。要将这段关系经营成功，很重要的一点就是要让对方时刻感受到你无条件的主动关怀。也就是说，无论对方遇到什么问题、身心处在何种环境，你都要对他的自身价值毫不怀疑，展现出积极的接纳和关怀姿态。如果你成功地传递了这种关怀，对方就能感受到被接纳、被称赞，周围的氛围也会变得温暖、有安全感，而这是在协助关系当中建立最关键的信任的必要条件。[3]

提供有意义的反馈

你已经在第七章了解到在任何形式的沟通当中反馈的重要性。对于人们行为的后果做出反馈是必要的，因为这可以让他们调整出更为有效的行为方式。[4] 仅有效的反馈本身就能提升员工的表现，带来正向的个人发展。[5]原因如下：第一，反馈能引导一个无目标的员工树立目标，而目标能催生更好的表现。第二，有了目标，反馈就能提示员工朝目标迈进了多少。第三，支持性的反馈是正向的强化剂。第四，如果反馈中提示表现欠佳，能激发员工更加努力或找到更好的方法。第五，反馈会引导员工在完成前一阶段的目标后制定更高的目标。第六，提供反馈的行为显示了你对他们的关注。[6]

辅导、建议和指导的运用过程先后涉及四个行动：[7] 描述所观察到的行为及其结果；从企业利益出发评估这些行为带来的影响；预估持续这种情况在个人层面会导致何种后果；提出可付诸行动的改变计划。有效反馈的特点在图 10 - 2 中有所总结。

---

1. 确保你的评价是对对方的正向引导。
2. 坦白直接，语带关切的表达。
3. 阐释对方正在做什么，以及有着何种影响力。
4. 不要威胁对方或主观臆断。
5. 不要泛泛而谈，而要力求具体（以近期的细节为例）。
6. 察觉到对方持开放的态度时，给出反馈。
7. 检查你自身的言论是否有理有据。
8. 只讨论对方可控范围内的事。
9. 不要用超出对方可控范围的事困扰对方。

图 10 - 2　给予有效反馈的指南[8]

通过辅导提升表现

辅导是帮助员工提升表现的持续过程。一个"教官"需要分析员工目前的表现，提出提升的方法，并且为此提供领导力、激励机制和支持氛围去辅助员工实现提升。作为一个"教官"，你的工作就是提供说明、指导、建议和鼓励。有三项常用的技巧可以帮你协助员工突飞猛进。[9]

1. 找寻提升表现的方法。一个"教官"通常会不断地寻找各种机会让员工的能力得到拓展。如何做到这一点呢？通过持续的行为观察，通过反复询问（如"为什么你会用这种方法处理这个问题？"），通过耐心倾听并理解其他人的观点，以及通过尊重员工的个性来量身定做提升方案。

2. 营造支持的氛围。高效率的"教官"会摒除障碍，促成良好的激励氛围，帮助员工实现提升。如何做到呢？通过主动倾听、开放思想交流，通过赋予员工实现想法的权力，通过乐于提供各种帮助、指导和建议，通过积极乐观的鼓励，通过对欠佳的表现不加以威胁或惩罚的宽容心（威胁只能导致恐惧和畏首畏尾），通过致力于将错误变成学习的机会，通过以奖励的方式肯定员工的努力。

3. 影响员工去改变行为模式。评价辅导成效的标准就是看员工的表现是否得到有效提升。这不是一个静态的概念，而是一个持续的状态。你如何做到激励员工不断进步？一个方法是肯定和奖励，哪怕是很小的进步。另外一个方法是用共同决策的方式来鼓励员工响应改变，因为在共同筛选提升方法时他会得到参与感。并且，相对于面对一整个看似复杂的大项目，把它拆分为一系列简单的小任务去各个击破能够催生员工更多的信心。最后，对你期待员工应拥有的品质以身作则，如开放、奉献、投入和责任感，如此会使他们感受到你对这些品质的要求。他们会以你为榜样，所以你要言出必行。辅导员工掌握新技能的步骤如图 10-3 所示。

针对掌握新技能的辅导过程包括以下几步：

1. 诠释你所传授内容的目的和重要性。

2. 解释整个过程。

3. 举例说明如何辅导。

4. 员工练习时注意观察。

5. 提供及时和详细的反馈（再教一次或巩固成效）。

6. 表达对员工所拥有的能力的信心。

7. 商定后续行动。

图 10－3　辅导员工掌握新技能的步骤[10]

咨询并解决个人问题

建议是对个人情感问题的沟通，为的是解决这个问题或让员工能更好地面对它。需要给出建议的问题包括离婚、重病、个人财务、人际矛盾、酗酒、职场受挫等。尽管我们都不足以成为专业的心理学家，但在让员工就医之前，我们还是可以提出建议供他们参考。

协助认识问题并予以解决

人们通常不喜欢因私事而主动寻求帮助。于是，你通常要做的第一步就是让当事人意识到问题所在。接下来，你可以帮助他们分析自己的感情、行为和解决方案。

保护隐私

当解决情感和个人问题时，你要注意保护个人隐私。既然员工选择与你倾诉个人问题，就说明他们足够信任你，相信你不会置他们的自尊与个人形象于不顾。一旦确定员工需要针对个人问题的建议，你就要保证每件相关事宜都会被当作隐私来保护。

整理感受和想法

很多时候人们只是需要一个宣泄压力的对象，而由此便可能开始澄清问题、确定解决方案和采取正确措施的过程。感性常常战胜理智，建议的过程能够帮助员工将琐碎的感受梳理成具有逻辑性和连贯性的想法。

提供支持和宽慰

人们希望他们的问题有解决之道，他们的能力有提升潜质。如果问题凭一己之力很难解决，你可以向员工推荐员工辅导项目或者员工福利健康计划。当出现严重抑郁、神经衰弱、家庭困扰和滥用药物等情况时，当事人就需要专业辅导。

配备导师

一个导师的责任在于协助员工完成职业目标。一些企业通常会将资深员工和新人配对，为新人提供持续性的指导乃至情感支持和鼓励。总而言之，成为导师就意味着成为一个人的终身"教官"和顾问。一些企业，如 IBM 有着正式的辅导项目，并向配对员工配发任务；又如 AT&T 则依赖非正式的辅导体系，因为他们觉得这样更加灵活有效。[11]导师能够减轻新人在处理事情和面临挑战时的不安和压力。他们也可以成为新人的倾诉对象，在安慰新人的同时还可以一起讨论职场难题。[12]

对于新人而言，辅导过程能让他们对企业环境、目标、标准有更好的了解，让他们免于走入陷阱或尴尬的政治局面。总的来说，导师辅助其帮助对象更好地发挥潜能，并鼓励他们更主动地管理自己的职业生涯。

注释

1. Ferdinand Fournies, *Coaching for Imporved Work Performance* (New York: Van Nostrand Reinhold, 1978).

2. Cyril R. Mill, "Feedback: The Art of Giving and Receiving Help," in Larry Porter and Cyril R. Mill(eds.), *The Reading Book for Human Relations Training*(Bethel, Maine: NTL Institute for Applied Behavioral Science, 1976), pp. 18-19.

3. John C. Kunich and Richard I. Lester, "Leadership and the Act of Feedback: Feeding the Hands that Back Us," *Journal of Leadership Studies*, Vol. 3(1996), pp. 3-22.

4. Curtis W. Cook, Phillip L. Hunsaker, and Robert E. Coffey, *Management and Organizational Behavior*, 2nd ed. (Burr Ridge, IL: Irwin, 1997), pp. 271-273.

5. Mary Mavis, "Painless Performance Evaluations," *Training and Development* (October 1994), pp. 40-44.

6. Charles D. Orth, Harry E. Wilkinson, and Robert C. Benfari, "The Manager's Role as Coach and Mentor," *Organizational Dynamics*(Spring 1987), p. 67.

7. K. E. Kram and D. T. Hall, "Mentoring as an Antidote to Stress During Corporate Trauma," *Human Resource Management*(Winter 1989), pp. 493-511.

8. Phillip L. Hunsaker, *Management: A Skills Approach, Second Edition*(Upper Saddle River, NJ: Prentice Hall, 2005), p. 65.

9. Based on David A. Kolb, Irwin M. Rubin, and Joyce S. Osland, *Organizational Behavior: An Experiential Approach*(Englewood Cliffs, NJ: Prentice Hall, 1991), pp. 448-450, who provide anextended discussion of each of these guidelines.

10. Summarized from William C. Byham with Jeff Cox, *Zapp! The Lightning of Empowerment* (Pittsburgh, Penn: DDI Press, 1989), p. 129.

11. Carl Rogers, *On Becoming a Person*(Boston, MA: Houghton Mifflin, 1961), p. 34.

12. "Labor Letter," *Wall Street Journal*(March 24, 1992), p. A1.

第十一章
授权

自我测评：我是如何授权员工的？

阅读表 11-1 中的内容，选择最能描述你对员工的授权方式的选项。请依据你曾做过的或你将怎么做来作答，而不是依据你认为自己应该怎么做来作答。如果你没有管理经验，回答问题的时候假设你是一名管理者。

当给员工授权时，我：

表 11-1　有关授权员工的测试

描述	选项		
	经常	有时	很少
1. 准确地向员工解释如何完成这项工作。	——	——	——
2. 明确地说出我所期待的结果。	——	——	——
3. 感觉我失去了控制力。	——	——	——
4. 预料最后自己还得重新做一遍这项任务。	——	——	——
5. 只授权员工做一些常规或简单的工作。	——	——	——
6. 向员工阐明他们的权限。	——	——	——
7. 跟员工一起制定进度报告提交日期。	——	——	——
8. 通知所有因授权而影响到的人。	——	——	——

得分与解析

第 2、6、7、8 题选择"经常"得 3 分，选择"有时"得 2 分，选择"很少"得 1 分。第 1、3、4、5 题选择"很少"得 3 分，选择"有时"得 2 分，选择"经常"得 1 分。

加总你的得分。总分在 20 分及以上，说明你有出众的授权技巧；总分在 15～19 分，说明你的授权技巧较好，但还有提升的空间；总分在 15 分以下，说明你的授权技巧较差，需要大幅提高。

技能概念

一般来说，管理者的工作是通过他人来完成的。这一描述说明了，任何管理者的时间和知识都是有限的，需要通过激励员工来完成任务。良好的管理者在授权员工完成某一目标时，通常是将权力和责任同时交与他们。授权意味着通过让员工更多地参与影响他们工作的决策，以及扩大员工对工作结果的责任，提高其对工作的投入程度。[1] 通过授权赋予员工责任，是提高生产力的有力的管理工具之一。[2]

什么是授权？

授权就是将工作权力和责任分配给员工。授权通过组织上层的权力向下层的转移，使得员工也能做决策。[3] 授权不能和参与相混淆，参与指的是让员工共同决策。而授权则是员工能够独立做决策。

授权通常分为四个步骤：①分配职务；②授予权力；③分配责任；④形成责任。

分配职务　职务是管理者想让他人完成的任务和活动。在授权之前，管理者要给员工分配其职责之外的工作。

授予权力　授权过程的实质是让员工代理管理者的职责。作为管理者，你可以将正式权力转移给员工，让他代表你行事。

分配责任　当权力已经授予员工时，管理者必须向他分配责任。也就是说，管理者在赋予某人权力的同时，也要赋予他相应的责任。你可以自问："我是否给予员工足够的权力，如获得材料、使用设备和完成工作所需的支持等?"权责的不对等将引发诸多问题。权大于责将可能造成权力的滥用。然而，人们在没有一定权力的情况下，也不应承担相应责任。

形成责任　要完成授权过程，管理者还需要赋予员工责任。也就是说，管理者要保证员工正确履行职责。尽管责任对员工来说是务必完成分配给自己的职责，但也意味着员工应该圆满地完成任务并获得满意的结果。

授权不是让位

如果你交给员工一项任务，却没有明确地告诉他做什么、管辖区域、期望的绩效水平、任务的完成期限等类似问题，就表示你在放弃责任和引发问题。[4] 然而，你也不能走向另一个极端，即为了避免表面上的让位，而将授权最小化。不幸的是，这是很多新管理者或没有经验的管理者所使用的方法。对员工缺乏信任，或者害怕因为员工犯错误而遭到批评，他们试图事事都亲力亲为。

你或许有能力完成你的工作，但是授权员工可以使工作完成得质量更好、速度更快、错误更少。你的时间和精力是有限的。你不可能亲自做每一件事情。如果你想有效地完成工作，你就需要学习授权。[5] 这就需要提出两点重要建议。首先，你不要指望你的员工不犯错误，而且要接受他们所犯的错误。这是授权的必要组成部分。只要犯错的代价不是过分昂贵，实际上犯错通常是锻炼员工、吸取经验的好机会。其次，为了确保犯错的成本低于学习收益，你必须给予适当的控制。正如我们在下文所要讨论的，缺少反馈控制机制的授权，只有当发生严重问题时你才知道，实质上就是让位。

为什么要授权?

管理者授权的主要理由或许是他们不能做到事必躬亲。然而，除此之外，授权还可以带来其他好处。

1. 授权为管理者释放出了更多时间。每位管理者用于工作的时间是相同的：每天 24 小时，每周 7 天，每年 52 个星期。事实上，管理者在相同时间内的工作效率呈现出巨大的差别，这证明的就是时间管理的价值。授权就是让管理者能更有效地利用时间的一种途径。许多决策都可以通过授权来完成，而不会造成什么损失，因此授权使管理者，尤其是中高层管理者，能将注意力集中于组织发展的总体方法和工作协调上。

2. 授权能改进决策。在很多情况下，授权能起到改善决策的作用。为什么？授权能使组织的决策权下移。因此，决策制定者与问题更为接近，并且通常能获得关于该问题更多更全面的信息。这就增加了获得高质量解决方案的可能性。而且，由于员工与问题更为接近，他们对问题的响应也更为迅速。因此，授权能改善决策的质量和速度。

3. 授权有助于培养员工。授权是激励员工成长和发展的一副良药。授权能够鼓励员工提高工作能力、增加知识储备，还能帮助他们发展自身的决策制定技能，使他们为将来的晋升机会做好准备。

4. 授权能提高员工的责任感。不管决策制定得有多么英明，如果没有正确地执行，成功的可能性还是极低的。提高执行质量的一个手段就是增强执行人员的责任感。授权能积极地影响员工的责任感，也就是说，员工能更热情地支持自己做出的决定，而不是上层强加的决定。

5. 授权能改善管理者和员工之间的关系。授权行为表现出了管理者对被授权者的信任和信心。如此明确的支持经常会给管理者和员工带来良好的人际关系。

授权的决定因素

尽管授权有许多益处，但要一些管理者做出授权的决定还是很困难。为什么？因为他们通常害怕对事情失去控制。"所有的事情我都喜欢自己去做"，伦敦人寿公司的谢里尔·芒罗·夏普说道，"因为只有亲自去做，我才能知道是否做好了和做对了。" Della Femina McNamee 广告公司的莉萨·弗莱厄蒂说："我不得不学习信任他人。有时，我害怕将重要的工作授权给他人，因为我很喜欢亲自实践的感觉。"尽管授权能提升管理者的工作效率，而且如果工作顺利开展也能为管理者提供控制感，但另有其他几个因素决定着管理者是否会授权。

组织文化是影响管理者授权与否的一个重要因素。[6] 如果组织的特征是容忍风险、支持员工工作、员工高度自治，那么管理者的授权意愿就会比较强烈；相反，如果组织的特征是规避风险、不支持员工工作和高压控制，那么管理者授权的意愿就会相对弱一些。

即使在一个支持性的组织文化中，管理者的授权倾向也是不一样的。研究表明，影响管理者授权决策的因素有三个，[7] 其中最重要的因素是管理者对员工胜任力的看法。如果管理者对员工的能力、可信赖度或承担更大责任的动机存在质疑，那么，他是不愿意授权的。第二个因素是决策的重要性。对于那些无足轻重的决策，管理者更愿意授权。第三个因素是管理者的工作量。超负荷工作会给管理者带来精神紧张和时间压力，这将促使管理者将权力授予他人。研究还表明，管理者的个性特征在授权方面的影响作用很小，也就是说，管理者的个人倾向不是影响授权行为的关键因素。以上这些研究发现对于培养你的授权技能具有重要的意义，即良好的管理者在授权时是考虑多种因素的。例如，即使组织文化氛围支持授权，而且管理者对授权的价值也有着强烈的认同，但如果他们认为员工不具备必要的能力或者动机不纯的话，他们也可能不会授权。

授权的技巧

有许多行为能够将有效授权和无效授权区分开。下面将对这些行为进行总结。[8]

1. 明确分配。授权的起点是确定要授权什么和授权给谁。你需要识别出最有能力完成这项任务的员工，并判断这个员工是否有时间和动机来从事这项工作。

假设你有一个有意愿且有能力的员工，你的责任就是向他提供明确的信息：授予的是什么权力？你期待的结果是什么？完成工作的时限和你期待的工作业绩是什么？除非有特别需要，比如需要坚持特定的方法，否则你只应对最终结果进行授权。也就是说，你与员工在做什么和期望的最终结果上达成共识，但是具体的手段和方式让员工自由决定。聚焦于目标，同时给予员工一定的自由，让他们自由地运用自己的判断力，选择达成目标的途径，将有助于你和员工相互信任，提高员工的积极性，并增强其对工作的责任感。

2. 详细说明员工的管辖范围。授权中的每一个行为都伴随着相应的约束。你所授予员工的权力不是无限制的。你授予员工权力是为了让他在特定问题的范围内处理特定事务。你需要用准确无误的语言，为员工界定他们职责的具体范围或界限。当你们就此进行顺利的沟通之后，你和员工将达成共识，知道他的权力界限在哪儿，以及他可以做哪些事情而不需要你的监管。

你应当给员工多大的权力？换言之，你要为员工限定多大的权力范围？最好的答案是给予的权力足够使他圆满完成任务。

3. 允许员工参与。给予员工多大权力才能保证任务圆满完成？最好的衡量方法是听取负责完成任务的员工的意见。如果你允许员工参与授权的过程——决定授权什么、需要授予多大的权力和判断其工作结果的标准是什么，你也就激励了员工的工作积极性，提升了他的满意度和对工作的责任感。

然而，必须注意的是，员工的参与可能会引发一些潜在的问题，如在评估自己的能力时，员工出现自私自利的行为和偏向性。例如，有些员工可能过度要求权力，而这些权力可能已经超过了他所能控制的范围。在决定授权什么和授予多大的权力时，如果让这些员工过多地参与其中，将损害授权过程的有效性。

4. 通告其他员工授权事宜。授权不应发生于真空中。不仅是管理者和被授权的员工需要知道授权什么和授予多少权力，任何可能受到这次授权影响的人都应该了解这些信息。这包括了组织内外任何受其影响的人。实际上，你需要通告的是授权什么、授予了多大的权力和授予何人。如果你没有按照这一步骤进行通告，员工的代理权可能会受到各方的质疑，还可能引发冲突，从而降低被授权的员工圆满完成任务的可能性。

5. 建立反馈控制机制。如果没有建立相应的反馈控制机制，进行授权就等于在招致麻烦，因为员工总是有可能滥用他们被授予的权力。建立反馈控制机制，监督员工的工作进度，有助于提高发现重要问题、促进任务按时完成并获得期望结果的可能性。

理想情况下，反馈控制机制应当在进行最初的人员分配时建立。相关各方应在完成工作的具体时间上达成一致，并设定进度报告的提交日期，而进度报告将说明工作进展和遇到的主要问题。这些还可以通过阶段性现场检查来进行补充，以确保员工没有滥用权力、遵守组织政策、使用正确的工作程序等。事实上，一个运行良好的机制也可能出现问题。如果控制太多、太死，就剥夺了员工建立自信心的机会，适当授权的激励作用也将丧失。一个设计良好的反馈控制系统是这样的：允许员工犯小错误，当大问题即将来临时，能够及时警告你。

6. 当问题显现，坚持让员工自己提建议。许多管理者都陷入了这样的陷阱：让员工逆转了授权过程，即员工遇到了难题，他们转向管理者寻求解决方法。实际上，应该从一开始就避免这种逆转的授权情况。当员工欲与你讨论某个问题时，他们要事先准备好一个解决问题的建议。当授权过程继续时，员工的工作就包括了制定必要的决策。你决不能容许员工反过头来让你制定决策。

注释

1. Stephen P. Robbins, *Supervision Today* (Englewood Cliffs, NJ: Prentice Hall, 1994).

2. Carl Holmes, "Fighting the Urge to Fight Fires," *Harvard Business Review* (November-December 1999), p. 30.

3. Carrie R. Leana, "Preditors and Consequences of Delegation," *Academy of Management Journal* (December 1986), pp. 754-774.

4. Lawrence L. Steinmetz, *The Art and Skill of Delegation* (Reading, MA: Addison-Wesley, 1976), p. 248.

5. Charles D. Pringle, "Seven Reasons Why Managers Don't Delegate," *Management Solukytions* (November 1986), pp. 26-30.

6. Alice M. Sapienza, "Believing Is Seeing: How Culture Influences the Decisions Top Managers Make," in R. H. Kilmann, M. J. Saxton, and R. Serpa (eds.), *Gaining Control of the Corporate Culture* (San Francisco, CA: Jossey-Bass, 1985), pp. 66-83.

7. Carrie R. Leana, "Predictors and Consequences of Delegation," *Academy of Management Journal* (December 1986), pp. 754-774.

8. Dale D. McConkey, *No-Nonsense Delegation* (Now York: AMACOM, 1974); Lawrence L. Steinmetz, *The Art and Skill of Delegation* (Reading, MA: Addison-Wesley, 1976), p. 248.

Training in Interpersonal Skills :

Tips for Managing People at Work

第四部分

领导力

第十二章
政治活动

自我测评：我对政治活动的态度[1]

针对表 12 - 1 中的描述，在跟你的态度最类似的选项标号上画圈。

表 12 - 1　对政治活动的态度的测试

描述	不同意			同意	
	非常	有点	中立	有点	非常
1. 与人相处的最好方法就是说他们想听的话。	1	2	3	4	5
2. 当你寻求别人的帮助时，最好告诉他真正的原因，而不是告诉他可能更有分量的原因。	1	2	3	4	5
3. 完全信任他人就是在自找麻烦。	1	2	3	4	5
4. 成功是需要走捷径的。	1	2	3	4	5
5. 假设所有人都有邪恶的一面，一旦有机会便会暴露出来，是最安全的。	1	2	3	4	5
6. 只有符合道德的行为才能去做。	1	2	3	4	5
7. 大部分人在本质上是友好和善良的。	1	2	3	4	5
8. 没有理由对他人撒谎。	1	2	3	4	5
9. 对大部分人来说，丧父之痛比丧财之痛更容易忘却。	1	2	3	4	5
10. 一般而言，除非被迫，否则人们不会努力工作。	1	2	3	4	5

得分与解析

该测试的目的是获得你的权术主义（Machiavellianism）分数。权术主义是一种人格特质，它衡量的是人们的权力倾向。高权术主义人格的人务实，与他人保持一定的情感距离，认为结果会证明方式的正确性。要获得你的权术主义分数，你先要加总第 1、3、4、5、9、10 题的分数；对于剩下的四个题，得分将与你选择的数值反相，即选择了 5 的得 1 分，选择了 4 的得 2 分，选择了 3 的得 3 分，选择了 2 的得 4 分，选择了 1 的得 5 分。将以上两部分得分加总后的结果，即是你的权术主义分数。一个成人的随机抽样结果显示，美国人的平均得分为 25 分。商业和管理相关专业的学生得分通常高于平均分。

运用权术主义测试的研究结果显示：①男性的权术主义得分通常要高于女性；②年长者的分数通常比年轻人的低；③高权术得分者和低权术得分者在智力或能力测验上的分数没有显著差异；④权术主义得分与受教育程度或婚姻状况等人口统计学特征没有显著的相关性；⑤高权术主义者倾向于从事强调控制和操纵他人的职业，如管理者、律师、精神病医师和行为科学家等。

技能概念

在真实的组织世界中，好员工并不总是会获得成功。在人际关系中，展现出坦率、信任、客观、支持和与其类似的人文素质，并不总能提高管理效率。有时，为了做好你想做的事情，或者保护你的兴趣免受他人操纵，你将不得不采取“强硬手段”。也就是说，你将不得不投入到政治活动中。如何从事政治活动，以及什么时候开始着手政治活动呢？这些就是本章所要重点讲述的问题。

什么是政治活动？

政治学与谁获得了什么、什么时候获得和如何获得有关。政治活动是你可以采取的行动，借此去影响或试图影响分布在你的组织中的优势和劣势。[2]

不同于目标设定和授权等问题，你在典型的大学工商管理课程中学不到太多关于政治活动的内容。为什么？其中一个理由可能是商业课程的规范性。这些商业课程强调的是管理者应该做什么，而不是他们实际做了什么。[3]另一个理由可能是政治学的隐秘性，[4]即政治的微妙性、掩饰性、隐蔽性以及成功的政治家在组织中用非政治手段实施其政治行为的巧妙性。结果就使我们难以洞悉组织中的政治过程。这是不幸的，因为政治上的无能和幼稚，以及不能或不愿有效地完成必需的政治任务，都是管理失败的源泉。[5]

为什么组织中存在政治？

你能想象出一个游离于政治之外的组织吗？这是可能的，但在大多数情况下是无法实现的。

组织由诸多个人和团体构成，这些个人和团体拥有不同的价值观、目标和利益，[6] 这就形成了资源争夺的潜在基础。部门预算、空间分配、项目责任和薪资调整都是对资源进行争夺的部分实例。正是由于需要对资源进行分配，导致了组织成员间的分歧。

组织中的资源是有限的，这就经常会使潜在的资源冲突演变成真正的冲突。如果资源是充足的，那么组织内的各个部门或个人就都能满足自己的目标。然而，正是由于资源是有限的，并不是每个人的利益都能得到满足。而且，且不论真假，一个个体或团体的所得往往是以组织内其他人的付出为代价的。这就导致了组织成员间对有限资源的竞争。

或许导致组织中产生政治活动的重要因素是，人们意识到对于大部分用于分配有限资源的"事实"，每个人都可以做出自己的理解。例如，什么是好的工作绩效？什么是好工作？什么是较大的改进？任何大联盟棒球队的管理者都知道，一个 400 杆的击球手则是一个高绩效者，而一个 125 杆的击球手则是一个低绩效者。不必是一个棒球天才你就能知道应该让那个 400 杆的击球手上场，而把那个 125 杆的击球手送回小联盟棒球队。但是，若要你在 280 杆击球手和 290 杆击球手之间做出选择呢？那么，另外的因素——不那么客观的因素——便开始起作用了：防守、态度、潜力、关键时刻表现出来的能力等。组织中大部分的管理决策更类似于在 280 杆和 290 杆击球手之间做选择，而不是在 125 杆和 400 杆击球手之间做选择。正是在组织生活这个大且模糊不清的中间地带——在这里事实不会发表自我意见——政治便存在了。

最后，由于大部分决策是在一种模棱两可的情况下制定的——事实充满主观性，因此大家可以做出自己的解释——组织中的人们将运用有影响力的一切去污染事实，以支持他们的目标和利益。这就造就了被我们称为政治活动的行为。

政治诊断分析

在任何形势下，在做出你的政治选择之前，你需要评估一下形势。政治诊断分析分为三步，能够助你成为一个更好的形势评估者。

1. 评估你的组织文化。 政治诊断分析的第一步是评估你的组织文化，以确定在组织中哪些行为是令人满意的，而哪些行为不是。每个组织都有一个共享的意义系统，人们称之为组织文化。[7] 这一文化是组织成员所接受和理解的一套不成文的规范，这一规范指导着他们的行动。例如，有些组织的文化是鼓励冒险，接受冲突和分歧，给予员工很大程度上的自治，并根据绩效标准奖赏员工。而另一些组织的文化却是 180 度大转弯：他们严厉对待冒险行为，不惜一切代价寻求和谐和协作，将员工表现主动性的机会最小化，并根据诸如资历、努力或忠诚度对员工进行奖励。关键是每个组织的文化都各不相同，一个政治策略要想成功，它必须要与其组织文化兼容。

了解一个组织的文化最迅速和最有效的方法之一，就是尽可能多地去了解这个组织的绩效评估体系，以及用于决定加薪、升职等其他奖励的标准。看一看组织的绩效评估表。它看起来如何？它评估的是什么：特质、行为，还是目标完成情况？它有多强调诸如与他人的关系、团队合作和组织忠诚度等因素？言行的重要性是否一致？人们是否违反绝对标准进行评分，或是在评分上彼此对立？人们是如何排列等级的？多久进行一次评估？高层管理者是如何看待绩效评估的：是为了识别不足和缺陷，作为奖励分配的基础，还是为了促进员工成长和发展？然后，请将注意力转向奖赏系统。谁获得了加薪和升职？或者更重要的是，谁没有获得？这些奖赏分配决策将告诉你组织中的哪些行为将得到回报。

2. 评估他人的权力。 乍看之下，似乎人们要么是有权力的，要么是没有权力的。然而，权力是分化的。在某些问题上，一个人可能非常有权力，然而这个人在其他问题上可能权力相对贫乏。因此，你需要确定在一个特定情境中哪些个人或团体是有权力的。

有些人的影响力来自他们在组织中的正式职位。因此，这很可能是你开展权力评估的最佳起点。你想要影响哪个决策或问题？谁拥有影响这一问题的正式权力？然而，这些问题仅仅是一个开始。你还需要考虑其他对象——个体、联盟、正式部门，决策结果可能会影响这些对象的既定利益。两种选择，选择其一，谁会获利，而谁又会遭受损失？这将帮助你识别出权力竞争者——那些有动机从事政治活动的人。这还会找出你可能的对手。

现在，你需要明确地评估每个竞争者或竞争团体的权力。除了每个人的正式权力之外，你还需要评估每个竞争者或竞争团体所控制的资源，[8] 以及这个人在组织中的中心性。[9] 研究表明，对稀缺和重要资源的控制是组织中的一个权力来源。控制和使用关键信息，掌握专业知识或特殊技能，都是控制组织中稀缺和重要资源的例子。因此，它们都可能成为影响组织决策的潜在手段。研究还发现，中心性意味着处于组织中的核心岗位，也能成为一个权力来源。那些处于人际网络中心的个人或团体往往能够获得权力，因为他们的岗位允许他们整合其他功能，或者降低组织的依赖性。这就解释了为什么当一家公司经历重大财政危机时，秘书的权力或会计部门的影响力就会变大。

在一个更微观的层面上，在任何权力分析中，你都不应该忽略的是估计你的老板的影响力。对于你关心的问题，你的老板的立场是什么？他是支持、反对，还是处于中立？如果他的立场是支持或反对，那么他的态度有多强烈？在组织中，你的老板的权力如何，是强大还是弱小？这些问题的回答能够帮助你评估老板的支持或反对是否会有重要影响。获得一个权力强大的老板的支持可以为你的胜出加上一个重重的砝码；相反，一个权力弱小的老板的支持则可能无足轻重，还可能会危及你的目标。如果你的老板是一个正在扩展权力基础的后起之秀，那么你需要行事谨慎。作为对手，这样的人会成为你在组织中发展的一个主要障碍；然而，作为同盟，这样的老板将向你打开原先关闭的门，甚至为你在组织中的升迁提供便利。如果你的权力评估显示，你的老板在全组织范围内已经被视作朽木，那么你的政治策略可能就应该是远离他，以免得罪组织。

3. 评估你的权力。在对其他人的权力做出评估之后，你还需要对自己的权力基础做出评估。你的个人权力水平如何？在组织中的职位为你提供了什么权力？与其他掌权的人相比，你的位置如何？图12-1总结了组织中的权力基础。

权力来自一个人的人格特质和其在组织中的职位。

通过培养依赖性、印象管理和政治活动，获得额外的权力。

这里总结了每一个权力基础。

职位权力基础

- **权威**。由于一个人在组织中的职位，使之有对别人发号施令的权力。
- **奖赏**。有权力给予人们他们重视的东西。
- **强制性**。通过拿走或扣留他人所重视的东西以惩罚他人的权力。

个人权力基础

- **专业技能**。拥有他人达成目标所需要的特殊技能。
- **信息**。拥有他人达成目标所需要的信息。
- **领导魅力**。当他人认同，并被他们所尊敬的人所吸引，就产生了领导魅力。如果其他人喜欢、崇拜并想要被你接纳，你就拥有了所谓的认同权力。
- **联盟**。与拥有职位权力或个人权力的人联盟。"关键不是你知道什么，而是你认识谁。"
- **依赖性**。拥有某种资源，他人需要这种资源以满足他们的需求。
- **好印象**。塑造一个好形象，在给他人的印象中发挥有利影响。
- **政治技巧**。运用有影响力的策略以获得权力，影响决策结果，获得有利于你的决策。

图12-1 组织中的权力基础

资料来源：Based on French, J. R. P. Jr. and B. Raven, "The Bases of Social Power," in D. Cartwright, ed., *Studies in Social Power* (Ann Arbor: University of Michigan Institute for Social Research, 1959), pp. 150-67; Littlepage, G. E., J. L. Van Hein, K. M. Cohen, and L. L. Janiec, "Evaluation and Comparison of Three Instruments Designed to Measure Organizational Power and Influence Tactics," *Journal of Applied Social Psychology* (January 16-31, 1993), pp. 107-125; Drory, A. and T. Romm, "The Definition of Organizational Politics: A Review," *Human Relations* (November 1990), pp. 1133-1154.

有些人通过个人魅力或充满吸引力的人格，将他人吸引在周围。他们拥有这种难以定义的领导素质，通常被认为是擅长社交、受欢迎、外向、自信、进取和聪慧的。[10]如果恰巧你被你的组织认为是一位有魅力的领导者，你将发现其他人会想要知道你对于某件事情的态度，你的论断也经常被认为是具有说服力的，而且你的立场可能会给其他人的决策带来相当大的影响。

但是，我们中很少出现具有魅力的领导者。我们更可能通过自己的专业知识来扩展个人的权力基础。通过控制他人需要的专业信息，培养了其他人对自己的依赖性。如果组织中的很多人都能做你能做的，或者你的才能可以通过雇佣一个外来者而轻易替代，那么你的专业权力是相当弱的。

如果你既无领导魅力又无专业权力，你在组织中的职位也有可能成为一种权力来源。如果你是一名管理者，你会拥有一些仅仅来自职位权力的奖赏权和强制权。例如，你可能有权力重新指派员工、批准假期、加薪、将员工停职，甚至解雇员工。除了这些正式的权力，你的职位还可能为你提供一个中心性的位置，能经常与他人联系，能接触和使用重要或保密的信息等。依靠这些，你的职位也有可能被证明是一份权力资产。

最后，不要忽视你和其他掌权者之间的关系固有的动态性。[11]你要确定权力竞争者支持或反对你的程度。你还要评估他们对最终结果的影响能力，然后为实现你的目标给他们分配优先权。这样，你就能识别出谁是你的同盟、谁最可能成为你的对手、每一方支持或反对你的强度，以及你和你的支持者可以用于反击对手的个人权力、职位权力和同盟力量。

政治行为指南

现在我们从分析转向行动。这一节提供了一些成功的政治行为的一般准则。下一节将描述具体的策略。

1. 根据组织目标设计你的论据。有效的政治活动需要掩盖住利己主义。你的目标就是自己的利益也不要紧，但你组织的所有支持你目标的论据，都必须以能够给组织带来更大的利益为名义。那些不惜以牺牲组织利益为代价，明目张胆地为自己谋取利益的人，几乎都遭到了广泛谴责，有可能失去影响力，并常常会受到驱逐出组织的终极惩罚。

2. 练习印象管理手段。印象管理——即试图以特定的方式表现，在他人心目中创造并保持好印象[12]——是政治成功的一个重要部分。如果你已经评估过你的组织文化，你将会意识到什么是适宜的着装规范，需要培养什么和避免什么，是要看起来像一个风险承担者还是一个风险规避者，偏爱的领导风格是什么，以及良好人际关系的重要性等。随后，你便有能力表现出适宜的形象。由于组织效率并非一个完全客观的结果，外形和实质都一样被人注意。社交网络能够促进这一过程。

3. 运用社交网络。社交网络是一个由个人、团体或组织构成的沟通结构，这些个人、团体或组织通过共同利益或相互依赖性（如友谊、财政目标、生涯路径或政治议题等）相联系。经常被用于印象管理和生涯发展的因特网案例有 Linkedin、Twitter 和 MySpace。图 12-2 总结了一些你可以用于印象管理的网络技巧。

　　一旦你进入了一段新的关系，人们就形成了对你的印象。立即开始建立社交网络吧，通过遵循下面几点来帮助你影响他人对你的印象。

1. 画出你理想的社交网络。
- 确定谁了解大局。
- 指出谁是工作流程中的关键。
- 评估谁知道如何避开路障。
- 明确谁对你帮助最大。

2. 开始建立社交网络。
- 不要害羞；大部分人都是善于接纳并想要帮忙的。
- 这样开始你们的对话："我初来乍到。你能帮我认识一下……？"

3. 回报并投资于你的社交网络。
- 与他人共享有用信息。
- 花时间与网络中的成员保持联系。
- 随着人员和情况的变化，更新你的社交网络。

图 12-2　印象管理的网络技巧

资料来源：Adapted from William C. Byham, "Start Networking Right Away (Even If you Hate It)," Vol. 87, No. 1, *Harvard Business Review* (January 2009), p. 22.

社交网络分析用图形展现了在一个沟通网络中不同党派之间的关系。它是一个有用的工具，可以用以识别活跃于组织的非正式群体和关系网。结果图会显示出组织到底完成了多少工作。[13]

社交网络图能让你深入了解政治联盟、共同利益团体，以及谁是领导者、促进者、最活跃成员和孤立者。社交网络是促进许多政治活动技巧顺利实施的有用工具，本章中将要对这些技巧进行详细描述，如政治诊断分析、印象管理、展现你自己、让自己看起来无可替代、寻找良师益友、建立联盟和避免接触危险人物。

4. 获得对组织资源的控制。对组织中的稀缺资源和重要资源的控制是一种权力来源。知识和专业技术是可以被控制的尤为有效的资源。它们将使你对组织更有价值，因而使你更可能获得保障和发展，你的观点也更容易为他人所接受。

5. 让自己看起来无可替代。因为你应对的是表面现象，而不是客观事实，所以你可以通过表现出自己的无可替代来加强自己的权力。你不需要成为无可替代的人，只要让组织中的关键人物这么认为就足够了。如果组织的主要决策者认为你对组织的贡献尚无人替代，那么他们将会竭尽全力以确保你的愿望得到满足。如何表现出你对组织是无可替代的呢？最有效的方式就是通过经验、沟通、保密技巧、天赋等发展出专业知识技能。这会被认为对组织运作是至关重要的，而关键决策者一定会认为没有人将专业知识技能掌握到了你所掌握的程度。

6. 展现你自己。对管理效率的评估，有很大的主观成分，因此让你的老板和组织中的当权者意识到你对组织的贡献是相当重要的。如果你足够幸运，所在职位使你的工作业绩能够引起他人的注意，那么你可能就没有必要采取直接手段来增加工作的可见度。然而，你的职位可能需要你处理一些可见度较低的工作，或者由于你是团队成员之一，你的特殊贡献难以区分。在这种情况下，通过向你的老板和其他人提交工作进展报告，出现在社交集会，活跃于你的专业组织，培养强势同盟——这些同盟将对你的业绩做积极推崇或使用类似策略，你就可以引起他人的注意，而不会给人一种夸夸其谈的印象。有技巧的政治家会积极、成功地游说他人，展现他们的工作，提高他们的可见度。

7. 寻找良师益友。良师益友一般是一个处于组织的更高层，你可以向之学习，并得到其鼓励和帮助的角色。当你拥有一位良师益友时，他会在会议上支持你，给你传达一些你本来无法接触到的内部信息。除此之外，你有一位良师益友的事实，将向组织中的其他人提供一个信号，即你有一位有权势的支持者。

如何获得一位良师益友呢？一般而言，是由良师益友来选择你。他们观察组织中处于较低职位的人员，确定其中一人，并将其当作被保护对象。你和高层联系得越密切，无论是正式的还是非正式的联系，你被挑选出来成为被保护对象的可能性就越大。参加公司的高尔夫球比赛，工作之余和同事出去喝酒，或者做一些可见度比较高的项目，都可以帮助你引起潜在良师益友的注意。

8. 培养强势同盟。此举可以把有权力的人拉进你的阵营。除了良师益友，你可以培养与上级、平级和下级中有潜在影响力的人物的关系。他们可以向你提供可能通过正常渠道无法获得的重要信息。此外，决策有时是由获得最多支持的人做出的。有时候，尽管不是经常，多数也是一种力量。拥有强势同盟，可以使你在需要的时候获得诸多支持。

9. 避免接触危险人物。几乎每个组织中都有一些地位岌岌可危的边缘人物。他们的工作绩效或忠诚度都处于组织严密的监视下。如果把这样的人放在"显微镜"下看，可以看到他们是有瑕疵的。小心地与这些人保持距离。我们在判断他人时要与公司的态度保持一致。考虑到这一现实，即对效率的评价有着相当大的主观成分，如果你让他人感到你与那些有瑕疵的人接触过于紧密的话，你自己的效率可能也会遭到质疑。

10. 支持你的老板。你不远的将来正握在你目前的老板手里。因为你的工作绩效是由你的老板评估的，你应尽你所能，让你的老板站在你这边。你应该想方设法地帮助你的老板获得成功，并看起来风光。如果你的老板处于困境中，向他提供支持，并花一些时间，找出衡量你工作效率的标准。不要暗地里破坏你的老板的名声，不要向他人说你的老板的坏话。如果你的老板有能力、有知名度，并拥有一定的权力基础，他就极有望向组织上层前进。如果他已感受到你的支持，你一同升迁的可能性也就增加了。最起码，你与一个组织高层建立了同盟关系。

如果你的老板绩效很差，权力也相当低微，你应该怎么做呢？政治上，最好是调任而不是与之斗争。如果你的老板被认为是软弱无力的，你的可信度也将受到质疑。你的绩效评估，即使是非常积极的，也不可能有多少分量。你会受到牵连。既要与你的顶头上司保持距离，又不让他觉得你正在背叛他，这是十分困难的。在这种情况下，最有效且风险最小的解决办法就是悄悄地要求调任。如果你已经有一位良师益友，让他为你游说。与我们先前说的一致，以组织利益最大化的名义包装你的调动要求（如调任将增加你的阅历，让你为承担更大的责任做好准备，为组织做出更大的贡献等）。

具体的政治策略

你可以运用哪些具体的策略影响他人，并让他们支持你的目标呢？一个策略最适宜在什么情况下使用呢？研究已经发现有七个广泛运用的选择。[14]

1. 推理。你可以运用事实和数据，对观点做出富有逻辑和理性的陈述。在信任、开放、严谨的组织文化中，并且你的要求对其他派别的既定利益影响不大的情况下，这一策略的有效性可能是最高的。

2. 友善。你可以利用奉承手段、表现善意、行事谦卑、友好相处，而不做直接的要求。比起推销想法，这个策略对获取支持更有效。这个策略还需要你很受欢迎，你与有影响力的目标人物之间的人际关系要好。

3. 联合。你可以获得组织中其他人的支持，使之力挺你提出的要求。因为这一策略很复杂且需要合作，一般适用于重要事件，以及最终决策更多地依赖于数量优势而不是支持质量的情况（如运用多数法则做决策的委员会）。

4. 交涉。你可以通过利益或好处的交换来进行谈判。当你和你想影响的人相互依赖，或者组织文化倡导礼尚往来时，这一策略是可行的。

5. 更高的权威。你可以依赖于获得来自组织更高层的支持，以力挺你提出的要求。只有当高层受欢迎或者被人畏惧时，这才是一个有效的策略。这一策略在尊重权威的文化中是适合的，但在结构比较松散的文化中却是不合时宜的。

6. 坚定自信。该策略是一个直接且有力的途径，如直接提出要求、提醒他人、要求别人做你需要他们完成的事情、指出规则需要服从等。当权力明显偏向于你时，这一策略是很有效的：你有足够的权力奖赏或惩罚他人，而他们的权力对你来说影响很小。这个策略的缺陷是有可能使你的目标人物感觉忿恨，并会在日后寻找机会报复。

7. 奖励或制裁。你可以利用组织的权力给予奖励或制裁，例如阻止或许诺给某人加薪，威胁某人给予他一个不令人满意的绩效评价，或者拒绝给某人升职。这一策略与坚定自信策略类似，只是这个策略的影响力纯粹依赖于你的职位。这一策略不适于影响上司，即使是在用于员工时，也可能被认为是滥用或非法使用职权。

考虑成本和收益

你在选择一个政治策略前，先要衡量一下使用该策略的潜在成本和潜在收益。对于那些没有经验的政治家，需要提醒他们的是所有权力形式都不相同。一些策略更容易被人接受。在许多情况下，使用策略的成本超过了收益。尽管权力带来的收益是显而易见的，但成本却往往被忽略了。正如 Lawless 所写道："权力制衡才是有效的。权力一旦投入使用，它便摆脱了平衡状态，反抗当权者的人会自动地诉诸于那些矫正权力失衡的行动。"[15]

在物理学中，我们知道每个作用都有其反作用。在管理学研究中，我们知道每一个权力的行使都必将引起另一个权力的行使。因此，你对策略的选择应该仅部分依赖于你能否达到你的短期目标。你还需要试图降低别人对你的忿恨，避免用尽未来的资源。这就是说，任何时候都应优先使用推理、友好和奖赏的策略来获得服从，避免使用强制性策略。[16]记住，不管何时使用何种策略，你都需要冒着虚张声势的危险，结果可能在成本和收益方面并不理想。你可能赢得了一场战役，却输掉了整场战争。

注释

1. R. Christie and F. L. Geis, *Studies in Machiavellianism* (New York：Academic Press, 1970). Reprinted by permission.
2. Dan Farrell and James C. Peterson, "Patterns of Political Behavior in Organizations," *Academy of Management Reivew* (July 1982), pp. 430-442.
3. Stephen P. Robbins, "Reconciling Management Theory with Management Practice," *Business Horizons* (February 1977), pp. 38-47.
4. Douglas Yates, Jr., *The Politics of Management* (San Francisco, CA：Jossey-Bass, 1985).
5. Stanley Young, "Developing Managerial Political Skills：Some Issues and Probeems." Paper presented at the National Academy of Management Conference, Chicago, IL(August 1986).
6. Jeffrey Pfeffer, *Power in Organizations* (Marshfield, MA：Pitman Publishing, 1981).
7. Phillip L. Hunsaker, *Training in Management Skills* (Upper Saddle River, NJ：Prentice Hall, 2001), pp. 317-337.
8. Jeffrey Pfeffer and Gerald R. Salancik, The *External Control of Organizations：A Resource Dependence Perspective* (New York：Harper & Row, 1978).
9. Daniel Brass, "Being in the Right Place：A Structural Analysis of Individual Influence in an Organization," *Administrative Science Quarterly* (December 1984), pp. 518-539.
10. Robert W. Allen, Daniel L. Madison, Lyman W. Porter, Patricia A. Renwick, and Bronston T. Mayes, "Organizational Politics：Tactics and Characteristics of Its Actors." *California Management Review* (Fall 1979), pp. 77-83.
11. William D. Coplin, Michael K. O'Leary, and Carole Gould, *Power Persuasion：A Surefire Way to Get Ahead* (Boston, MA：Addison-Wesley, 1985).
12. William L. Gardner and Mark J. Martinko, "Impression Manaement in Organizations," *Journal of Management* (June 1988), p. 332.

13. B. R. Schlenker and M. F. Weigold, "Interpersonal Processes Involving Impression Regulation and Management," in M. R. Rosenzweig and L. W. Porter (eds.), *Annual Review of Psychology*, vol. 43 (Palo Alto, CA: Annual Reviews Inc., 1992), pp. 133-168.

14. David Kipnis, Stuart M. Schmidt, C. SwaffinSmith, and Ian Willkinsin, "Patterns of Managerial Influence: Shotgun Managers, Tacticians, and Bystanders," *Organizational Dynamics* (Winter 1987), pp. 58-67.

15. David J. Lawless, *Effective Management* (Englewood Cliffs, NJ: Prentice Hall, 1972), p. 243.

16. Adapted from N. R. F. Maier, *Problem Solving and Creativity in Individuals and Groups* (Belmont, Calif.: Brooks/Cole Publishing Company, 1970), pp. 298-302.

第十三章

劝　说

自我测评：我是怎么劝说的？

阅读表 13 - 1 中的每一个描述，选出最符合你的口头劝说方式的答案。

表 13 - 1　有关劝说方式的测试

描述	选项		
	经常	有时	很少
1. 在我请求他人做事之前，心中已有清晰的目标。	——	——	——
2. 我根据我欲影响的对象的性格，调整我的语言。	——	——	——
3. 当我有求于人时，我将清楚地告诉他们这件事将如何增加他们的利益。	——	——	——
4. 如果我是管理者，我希望员工服从我的要求，因为职位赋予了我这样的权力。	——	——	——
5. 如果我有求于人，我会事先假定这个人足够聪明，能够根据逻辑做出回应。	——	——	——
6. 当我有求于人时，我将向他解释这个东西为什么重要。	——	——	——
7. 当我有求于人时，我将情感手段和逻辑手段并用。	——	——	——

得分与解析

第 1、2、3、5、6、7 题选择"经常"得 3 分，选择"有时"得 2 分，选择"很少"得 1 分。第 4 题选择"很少"得 3 分，选择"有时"得 2 分，选择"经常"得 1 分。

加总你的得分。总分在 19 分及以上，表明你有效地运用了你的劝说天赋；总分为 16～18 分，意味着在人际关系中，你可以较好地运用劝说技能；总分在 16 分以下，表明你在口头劝说技能上还有很大的提升空间。

技能概念

如果有一项技能可以区分成功的政治家与不成功的政治家，那么这项技能就是劝说他人。尽管成功的政治家并不独有这项技能，但他们能对问题提出有力的论证，论证中显示出逻辑性和说服力。我们都了解那些善于劝说的人。他们似乎非常了解说的内容和说的时机。这项技能是这些人与生俱来的吗？当然不是。然而，他们可能在一些人的影响之下耳濡目染——父母、其他亲戚、老师、朋友，这些人是学习这一技能的优秀榜样。在本章中，我们将分析一下什么是劝说。我们的目标是使你掌握劝说技能，让你在人际关系中更有说服力。

什么是劝说？

劝说是在面对面的沟通中，诱导他人采取行为的一种有意识的操纵行为。劝说与职权或权力有什么区别？三者都是影响他人行为的手段，也就是说，它们都聚焦于使其他人按照你的意愿做事。然而，职权和权力都是强迫他人做他们本不会做的事情，而劝说则是在你劝导他人之后，在保持了他人行为自由的情况下，选择了某一个行为方式。"被劝导者感觉他们是在为自己设立的目标和指南中，按自己的意愿行事。"[1]

职权代表了伴随管理职位而产生的权力，在很大程度上，这是一个获得员工服从的有效装备。然而，它是有局限性的。在处理与同级、上级或者你直接管理范围之外者的关系时，职权一文不值。职权受到员工对你合法权利的认可的限制，它不能激励员工，而且它可能更适合专制组织而不是民主组织。

职权在处理与员工的关系时，能很好地发挥作用。不幸的是，你在组织中的人际关系不仅局限于那些直接为你工作的员工，你还需要老板的合作，但是你不能通过职权来获得。你还需要在会议中获得与你同级的其他管理者的支持。这种支持也难以通过职权来获得。有时，你还会发现自己在完成某项工作时，需要组织内外其他人的协助。例如，你可能会需要一份来自另一个部门的报告，或者是供应商的支持。这时候，职权是无能为力的。在这些情况下，需要的就是你的劝说技能。

职权也有其局限性。每个员工都在内心为老板的职权设定了底限。如果你想要员工为你做的事情超过了这一底限，如加班、承担额外工作、接手一项令人讨厌的任务等，职权也可能会失效。当职权"失灵"时，劝说经常能够发挥作用。

即使你拥有职权，而且知道职权能够奏效，你也可能不会想利用职权，因为它可能会带来负面效应。职权意味着责任。相比较，当你劝说某人做某事时，他更可能带着奉献精神和热情来从事这项工作，因为劝说可能比职权更能激励员工。记住，不管你的想法多好，它的最终有效性都要取决于他人的执行情况。

最后，职权与以人为本的民主价值观是不协调的。许多组织，尤其是一些小公司和那些雇用了大量专业人才的公司，都是以共同参与原则进行组织架构布局的。职权和控制被开放、信任和民主管理实践所替代。在这样的组织中，欲让他人按照你的想法去做，劝说可能是唯一可行的手段。

劝说的策略

劝说他人有许多策略。其中最有效的是博取信任、逻辑推理、情感诉求、社会认同和逢迎他人。[2]

1. 博取信任。当他人喜欢、信任并对你有信心时，你的劝说更有可能成功。这里的信任绝非盲目的信任，而是通过努力才获得的。那么，如何获得他人的信任呢？一种方法就是展现出你的胜任力——通过展现你的知识或能力。另一种获得信任的方法就是设立值得信赖的目标。当你的动机被人认为是客观和中肯的，你便在他人心目中建立了信任感。图 13 - 1 总结了建立信任联结的方法。还有一个相关的信任来源就是人的性格——有道德、勤勉和可靠。最后，信任可以通过你的个人魅力而强化。如果你给人的印象是友好、关心人、热情和积极的，人们自然就会被你吸引。

　　信任指的是你对另一个人的整体安全感。通过表现出善良、诚实和守信，你往另一个人的情感银行里"存钱"。但是，如果你表现出不尊敬人，没有履行承诺，或者占他人的便宜，你就会耗尽你的信用账户中的"钱"。你们的关系就会变质，产生敌意且彼此防御，难以再次建立信任。

　　若要建立情感银行账户，下面有六个主要的存款方式：[3]

- 理解并尊重其他人的需要和优先考虑的事，即使他人的需要和优先考虑的事与我们自己的有很大的差异。
- 注意细节，如表现出善良和谦恭，因为它们在人际关系中很占优势。
- 信守承诺。打破承诺会造成关系大大地倒退，影响你未来的"存款"，因为人们不再相信你了。
- 澄清你的期望，这样即使你没有按他人希望的方式行事（尽管他人从来没有明确地告诉你），他人也不会有上当受骗或被冒犯的感觉。
- 通过信守承诺、保持诚实、完成期望和对所有人（包括那些不在场的人）都一样忠诚，展现出你的正直。
- 当你破坏了他人对你的信任，从情感账户提款时，请真诚地道歉，而不要为事情找借口，或者试图把责任推给其他人。

图 13 - 1　建立信任联结的方法

　　博取他人的信任可不是一件易事，但它确有可操纵的因素。[4] 例如，建立起有能力的名声可能需要点时间，但你可以通过自愿做一些工作来促进这一过程。这些工作将增加你的知名度，展示你的才能。类似地，你可以集中精力于表现对他人的友好和关切、对工作尽职尽责，并避免可能造成与他人的利益相冲突的行为。

　　2. 逻辑推理。 如果你想让他人按照你的设想去行事，当你能够用逻辑推理进行引证时，劝说他人更易于成功。人们力图保持理性。在他们做某事之前，都希望确信这件事情跟他们的目标是一致的。如果其间的联系并不是一目了然的话，那么就需要你向他们阐明为什么他们应该按你的方式去想和去做。也就是说，你得时刻准备着回答"为什么"。这可以通过预先计划和对负面回应的预测来完成。你可以准备大量可能的理由来说明为什么某个行为是可取的，以及这一行为为什么后来发展为似乎最适合于某种特定情况。按照这样的方式，你就能确保你做出了最好的论述。

使用你所能想出的或能够找到的每一个理由，未必就能组织出一个有效的论证。你使用的任何理由都需要经过三次检验：[5] 第一，它必须支持你所提出的结论；第二，它必须由事实来支撑；第三，这个理由必须能打动你试图劝说的人。这三个标准的含义是不言自明的。要像来复枪一般精准地瞄准你的目标，而不是像一把有过度杀伤力的猎枪。如果你试图通过逻辑推理来说服某人，那么就好好做功课：收集证据支持你的论点；更为重要的是，要深刻了解"被劝说者"。如果你没有考虑到被劝说者的目标、需要和利益，那么即使你的论证被完美地支持了，你也可能会失败。

3. 情感诉求。你可能仅通过好的推理就说服了某人。然而，如果你还能运用言语触动他的情感，那么你成功的可能性就更大。因此，在良好的逻辑推理的基础上，你应该尽可能地加上一些对他的恐惧、爱、快乐或沮丧等情感的诉求。

为什么逻辑推理和情感诉求的结合会比单独的逻辑推理更有效呢？答案是人们可能相信论证的逻辑，但是未必会按照信仰行事。他们所需要的是刺激或外力激发他们由消极转向积极，而情感诉求就可以成为激发他们的那个刺激或外力。

4. 社会认同。说服他人的另一个方式就是向他们展示其他人也有着相同的举动。社会认同意味着其他人认同这一行为——这个行为是适宜的且被人接受的。[6] 社会认同有效性的例子包括受害者急匆匆地投资给金融巨骗麦道夫，因为其他富有经验的投资者都是这么做的；也可以是酒保在他们的小费罐里事先放上几美元，告诉顾客纸币是适宜类型的小费。

5. 逢迎他人。逢迎他人是一种策略性行为，即让人喜欢你，从而听从你的请求。[7] 三种最普通的逢迎技巧就是奉承和赞美、附和他人的观点、给他人支持且被认为是对其有帮助的。[8]

劝说技巧

博取信任、逻辑推理和情感诉求是劝说他人的三种基本策略。还有四种用于劝说他人的更为具体的技巧：[9] 积极地促进、消极地促进、积极地抑制和消极地抑制。前两种可以改善劝说的结果，而后两种则是阻止某件事情的发生。人们很少故意使用抑制技巧。相反，这些技巧通常是在计划不完备、缺乏信息、缺乏倾听技巧或不能准确地打动某人的情况下，采取的一种无意识行为。将它们列在此处，是要戏剧化地说明一个技巧如何以促进为最初目的，随后发生事与愿违的转变，以至于阻碍了劝说。

1. 积极地促进。如果你积极地采取行动，成功地影响他人，那么你使用的就是积极促进的方法。这一方法的例子有很多，比如，你精心准备、有序安排、陈述的观点富有说服力、提供信息、进行推荐、愿意协商、采取主动、进行释义。[10] 在澄清事实、纠正错误或不正确的信念，以及修改优先次序时，这是一个有效的方法。

2. 消极地促进。有时，劝说他人最有效的方式就是什么也不做。消极促进方法认为，保持沉默、耐心等待、让他人说等类似消极行为，有时不失为一种高效的影响手段。成功并不总是与高谈阔论者、迂回婉转者和旁征博引者相随。机敏的劝说者知道何时保持沉默，让他人去说和去做。

3. 积极地抑制。什么类型的积极行为会阻碍劝说效果呢？积极抑制的例子包括试图即兴发挥、临时陈述观点、不愿意协商、富有攻击性、阻止反馈、阻止讨论、批评、改变主题、拒绝他人观点，以及提出不成熟的建议等。[11] 对于想成为更有效的劝说者的人来说，最好记住这句话："不三思而后行，有可能适得其反。"

4. 消极地抑制。最后一类是指由于疏忽而导致的失败。例如，隐瞒信息，不专心，逆来顺受，忽略他人的意见，没有从他人的角度进行回应，对待问题模棱两可，不给予他人表扬或欣赏，拒绝给予认可，不向他人提供帮助或支持，或者允许他人对你指手画脚等。[12]

透过这四种技巧组成的多棱镜，可以归纳出三点。第一，失败的可能性一直存在。即使你是出于一片好心，你也可能碰壁。第二，积极的方法并不总是可取的。有时，故意"什么也不做"，有可能在事后被证明更有效。第三，你选择的是积极的还是消极的方法，主要取决于你试图劝说的人。如果你已充分了解这个人的需求、兴趣、目标等，你就能在积极的方法还是消极的方法之间做出更好的选择。

提高你的劝说技巧

回顾对口头沟通和劝说的研究结果，有许多有益的建议，它们能帮你改善你的劝说技巧。它们是以我们先前讨论过的策略和技巧为基础和进行扩展的。

1. 博取别人对你的信任。没有什么比缺乏信任更能损害劝说效果的了。对于不信任和不尊敬的人，人们一般连话都不愿意听他们讲。如果某人根本不了解自己在说什么，那么人们也根本不会听取他的意见。你要培养你的专业素养，让你的知识值得人们信赖。然后，你可以用有活力、友好的陈述风格，表达你对建议的信念和承诺。[13]

2. 使用积极、得体的语气。假设你试图劝说的人是聪明且成熟的，不要以高人一等的口气对他们说话，要表现得尊重、直接、真诚和得体。听从这一建议可能发生的最坏的事情是他将以一种不成熟的方式进行反应，使你的劝说徒劳无功。然而，下一次，你将有更多的机会提升自己的信任度，也为得到一个更有效的回应打下了基础。另一方面，如果你的语气是消极的，或者如果你视他人愚笨，那么你将可能遭到他人的抵御，导致劝说失败，并且将损害你在将来再次劝说时的可信度。除非你是一个足球教练，这个角色可以对球员以居高临下的口气说话，这符合其角色期望，否则，你需要以积极、得体的语气和被劝说者说话。

3. 清晰地表达。在劝说成功的事例中，你到底想要实现什么？你对目标的描述会指导你的陈述。也就是说，在你可以有说服力地把你的观点清晰地传达给某人之前，你需要弄清楚你想要的是什么。你或许会感到惊讶，有那么多人在对自己想做什么都不明确的情况下，就已经开始劝说。这就解释了为什么潜在的"被劝说者"通常对劝说者要求他们做的事情感到迷惑不解。

一旦你的目标清晰了，你就能将自己的论述归结为一个观点。不要从一个问题谈到另一个问题，要避免无关话题。将论述集中于你的最终目标，开门见山地陈述你的观点，这样才能使听者得出结论，明白你想要什么和你设定的目标是什么。

4. 出示有力的证据，支持你的观点。你需要解释为什么你想要的东西就是重要的。仅仅说明一个要求是重要的或紧急的是不够的。仅仅因为你是老板就要求他人服从，其实用性是非常有限的；即使是在适用的情况下，依靠职权并不能建立起信任。你应该用强有力的支持证据，说明为什么他人应该按照你所期望的方式去做，而收集具体证据的工作由你负责。

5. 根据听者的不同，调整你的论述。有效劝说的一个特征是有弹性。你需要根据听者的不同来选择自己的论述方式。你在跟谁说话？这个人的目标、需要、兴趣、恐惧和抱负是什么？听者对你们所讨论的主题了解多少？他对这一主题是否有先入为主的想法？如果是，与你的观点一致吗？他喜欢别人如何对待他？他的行为风格是什么？对这些问题的回答，将帮助你选定正确的劝说策略。

不同的性格影响着人们对劝说的易感性。[14]例如，研究表明，当劝说沟通主要依赖于强有力的逻辑论证时，高智商的人比低智商的人更容易被说服。然而，当劝说沟通主要依赖于没有依据的归纳或错误、不合逻辑、不相关的论证时，高智商的人则不容易被说服。换言之，高智商的人似乎更易于接受逻辑推理，不容易受有缺陷的逻辑的影响。带有独裁主义人格的人认为，在组织中人们的地位和权力应该有差别，他们容易被那些当权者说服。相比较，非独裁主义者更容易被事实和可信度所说服。总结以上的研究结果，我们的结论是：你应该根据劝说对象的性格特点，相应地调整你的劝说策略。具体地说，一个人的智商水平越高，你的论证就应该越富有逻辑并且证据充分；此外，在你试图劝说非独裁主义者时，你应该更多地依赖于事实，而不是你的地位。

6. 诉诸于听者的个人利益。为了有效地劝说他人，你需要知道什么能让他们动心。当你有所求时，要将心比心。人的行为都指向于满足他的个人利益。在你提出任何要求之前，首先预测听者的个人利益是什么。千万不要认为他人会因为你是一个可靠的人，或者因为你能做出清楚的逻辑论证，就按照你的想法去做。你还要通过向他们展示按照你的设想去做能给他带来最大的好处，以激发他们的行动。

7. 运用逻辑推理。合乎逻辑、理由充分的论证并不能保证说服听者，但是缺乏事实和理由支持的论证，几乎一定会使你的说服力受到损害。你的逻辑论述能力，实际上就是你劝说技巧的一个考核标准。

8. 运用情感诉求。仅仅出示清晰、理性和客观的证据支持你的观点往往是不够的，你还需要利用情感上的诉求。试图走进听者的内心，理解他的爱、恨、畏、惧和受过的挫折。然后，你可以利用这些信息组织语言，选择你表述的方式。大部分电视福音传道者的说服力，就在于他们能理解他们的观众，并对语言进行精密组织，并打动他们的观众。

在正式发言中运用劝说技巧

在组织中，人们经常需要向他人做正式的口头发言，如销售发言、申请项目基金、竞选、支持某个提案等。AT&T 和斯坦福大学合作进行的一项研究表明，做有效发言的能力，是预测在组织中的成功和晋升概率的首要指标。[15]考虑到它们对你的人际交往效率、个人满意度和生涯发展的重要性，你需要问自己，"我是否能做出有效的正式发言"。

公众演讲的成功与否，主要取决于在上台之前你所花费的准备时间是否充足。你要避免冗长、过于详尽、让人迷茫、语义模糊、令人厌烦或偏题的发言。首先，你要确定发言的目的，以及你想要获得的结果。其次，你需要组织信息，清楚地说明你的想法和听众需求之间的一致性。最后，你要确保听众会按照你的建议行事。图 13 - 2 提供了一些做正式发言的诀窍。

计划和准备

- **确定发言的目的**。你想获得什么样的结果？你为什么要发言：说服、解释、说明，还是报告？你想让听众了解什么或如何做？
- **分析你的听众**。组织你的发言以适应听众的性格特性。通过与你的听众或认识听众的人交谈，找出他们的需要、关注点和偏爱的发言形式。
- **组织语言**。首先，阐明你的关注点或主要观点。其次，发展出一个具有三个主要部分的发言提纲：引言、主体和结论。最后，准备一些可视化的辅助手段，让听众能够理解你的观点。下面的一些准则，可以让发言的三个部分对听众有效。

a. 引言

- **吸引听众的注意**。用一些极其有趣的东西吸引听众的注意，让他们倾听你的发言。你可以给他们讲一个有意思的故事、一个跟你的主题有关的例子、一段意义深刻的名言、惊人的统计数据或一些与主题相关的笑话。
- **增加你的可信度**。通过说一些与你的背景和经验相关的内容，让你在谈论的这个主题上树立起专家形象。
- **说明你的发言内容安排**。记住这句著名的话："告诉他们你将要告诉他们什么，然后告诉他们你刚刚告诉了他们什么。"
- **告诉听众你对他们的期望**。告诉听众你希望最后让他们做什么：是做出决策呢，还是做出承诺或行动？

图 13 - 2　正式发言的诀窍

b. 主体　由于大部分听众的注意力时长都很短，你需要用尽可能简短和有趣的方式发表你的观点。
下面是一些建议：

- **改变发言的节奏**。通过运用适当的幽默、故事或练习，要求听众举手或进行口头回答。
- **运用重复**。确保你的主要观点被准确地传达并被记住了。你可以谈论你的观点，并用可视化教具展示；你还可以让你的听众阅读小册子，并向他们提问。
- **运用故事和类比**。将你的观点和听众已经了解的内容联系起来。
- **改变发言的强度**。改变你的语调、语气和声音大小，让听众能够集中注意力。
- **让听众参与其中**。运用头脑风暴、提问、分享经验和任何让听众可以参与其中的方法。

c. 结论　你的结论应该重复你的主要观点，加强你的目标和期望。

- **不断练习，设想成功**。为了检查你的发言时间，要先进行至少4~5小时的出声彩排，确保你的发言流程和声音都是你想要展现的，然后想象自己成功地发言了。这将让你有机会体验成功，对自己的发言更自信。

做发言

- **有热情**。你对你发言主题的兴趣是有感染力的。发言的时候，要表现得像是在和朋友进行生动的对话，但要避免大喊大叫或说教。
- **保持眼神接触**。眼神接触能加强听众的参与。它能让听众感觉到你正在对他说话，而且你很真诚。最有效地与全体听众进行眼神接触的方式就是，随机地选择听众，一次只看一个人。
- **运用人际空间学**。运用物理距离，强化你的发言。不要躲在乐队指挥台后面。避免在你的发言区域内放置分散注意力的物体。运用各种各样的身体动作，强调你的关键观点，建立你和听众的和谐关系，与听众交流。
- **永远不要道歉**。对任何事都不要道歉！一旦你道歉了，就削弱了你对听众的影响力。

发言之后

- **评价你的表现**。在发言之后，询问在场的其他人，你在哪些地方表现得好、哪些地方需要改进。这将帮助你调整对未来听众的发言，或者对之后的发言提一些建议。
- **跟进**。向听众寄送你之前承诺的材料，并提醒他们自己做出的承诺，或者你之前对他们的要求。

图13-2　正式发言的诀窍（续）

注释

1. Otto Lerbinger, *Designs for Persuasive Communication* (Englewood Cliffs, NJ: Prentice Hall, 1972).

2. H. Steensma, "Why Managers Prefer Some Influence Tactics to Other Tactics: A Net Utility Explanation," *Journal of Occupational and Organizational Psychology* (2007), pp. 355-362; Kathleen S. Verderber and Rudolph F. Verderber, *Inter-Act: Using Interpersonal Communication Skills*, 4th ed. (Belmont, CA: Wadsworth, 1986), pp. 163-169.

3. Tony Alessandra and Phillip Hunsaker, Communicating at Work (New York, Simon & Schuster, 1993), p. 169.

4. J. Kouzes and B. Posner, *The Leadership Challenge*(San Francisco, CA: Jossey-Bass,1987).

5. Stephen R. Covey. The seven Habits of Highly Effective People(New York, Simon & Schuster, (1989),pp. 188-189.

6. R. B. Cialdini, "Basic Social Influence is Underestimated," *Psychological Inquiry*, Vol. 16, No. 4(2005), pp. 158-161.

7. G. M. Vaughan and H. A. Hogg, *Introduction to Social Psychology*, 5th ed. (Frenchs Forest, NSW:Pearson Education, 2008), p. 196.

8. A. Shankar, M. Ansari, and S. Saxena, "Organizational Context and Ingratiatory Behavior in Organizations," *Journal of Social Psychology*,134(1994),pp. 641-648.

9. Ibid. , pp. 190-199.

10. Kathleen S. Verderber and Rudolph F. Verderber, *Inter-Act: Using Interpersonal Communication Skills*, 4th ed. (Belmont, CA: Wadsworth, 1986),p. 168.

11. Kenneth E. Hultman, "Gaining and Keeping Management Support," *Training and Development Journal*(April 1981),pp. 106-110.

12. Ibid. , p. 108.

13. Ibid.

14. Ibid.

15. Robert E. Coffey, Curtis W. Cook, and Phillip L. Hunsaker, *Management and Organizational Behavior*(Burr Ridge, IL: Austin Press/Irwin, 1994), pp. 210-211.

第十四章

领导的风格

自我测评：我是一个什么类型的领导？[1]

阅读表 14 - 1 中的每条描述，选择最符合你的行为的数值。

表 14 - 1 　领导风格测试

描述	选项				
	非常不同意			非常同意	
1. 我喜欢从人群中脱颖而出。	1	2	3	4	5
2. 在我的影响下他人能够按照我的方式做事时，我会感到自豪和满足。	1	2	3	4	5
3. 我喜欢团队合作，而不是单打独斗。	1	2	3	4	5
4. 我曾当过俱乐部的队长，或者组织过体育比赛。	1	2	3	4	5
5. 在学校或在工作中，我试图成为任务小组中最有影响力的人。	1	2	3	4	5
6. 在团队中，我最关心的是维持良好的人际关系。	1	2	3	4	5
7. 在团队中，我最希望的是实现任务目标。	1	2	3	4	5
8. 在团队中，我总是考虑他人的感受和需要。	1	2	3	4	5
9. 在团队中，我总是组织活动和任务，促进工作的完成。	1	2	3	4	5
10. 在团队中，我经常在他人需要的支持者和任务完成的推动者之间做角色转换。	1	2	3	4	5

得分与解析

成为领导的意愿的得分：加总第 1~5 题你选择的数值。_____

领导风格倾向得分：

任务导向得分：加总第 7、9 题你选择的数值。_____

关系导向得分：加总第 6、8 题你选择的数值。_____

任务导向和关系导向的分数差：

分数更高的是：任务导向_____还是关系导向_____。

适应性得分：第 10 题的得分：_____。

如果第 1~5 题的总分在 20 分及以上，说明你可能比较喜欢成为领导；如果总分在 10 分及以下，说明在人生的这一阶段，你更关注个人成就；如果总分在 11~19 分，你成为领导的意愿可能会往两种情况的任意一种发展，发展方向取决于事件的性质。

你的领导风格可以通过第 6~10 题来说明。看你的得分情况，就能看出你是倾向于任务导向型、关系导向型，还是灵活的领导风格。

确定你的领导风格倾向，就是比较你的任务导向得分和关系导向得分哪一个更高。两者之差显示的是这种倾向的强度。

第 10 题的分数说明了你的领导风格适应性。如果第 10 题的分数为 4 或 5 分，说明你一旦察觉适应的必要性，就会调整自己以适应环境。

技能概念

本章和下一章涉及两种主要的领导类型。本章主要讲述的是事务型领导者，他们领导他人完成工作。他们是执行领导者，以特定的领导风格分配工作、处理关系，使员工按照他们的想法做事，从而完成组织目标。

领导力是一种影响他人或团队为完成目标而努力工作的能力。而领导者如何做到这一点，就是领导风格的问题。研究表明，没有一种领导风格是普遍有效的，最适宜的领导风格取决于当时的情境。[2] 如何选择最适宜的领导风格呢？本章的目的就是要告诉你选择领导风格时需要考虑哪些因素，并帮助你培养这一技能，让你能根据不同的环境选择并采用最适宜的领导风格。

有效地选择一种领导风格的关键是要能够对环境做出判断，从而决定什么行为是需要的，并以最适宜的方式有效采取行动。因此，你需要回答的一个基本问题就是："什么时候采取哪种领导风格？"答案是，这取决于领导者的特定性格和行为、情境和参与的员工的情况。下面让我们对这几点进行逐一分析。

领导者的行为和类型

尽管有诸多不同的术语，但是 50 多年的研究区分出了两种领导行为，即关注任务完成情况的领导行为和关注与员工建立和谐关系的领导行为。[3] 前者关注的是对团队成员进行仔细监管，使员工之间的工作方式相协调，并向员工说明完成工作需要哪些行动。任务导向行为集中于构建组织架构，确立起清晰的角色定位，协调组织关系，建立沟通渠道和工作程序。任务导向行为还包括指明工作方向和设定工作目标。而员工导向型或关系型的行为，其目标在于满足团队成员的社会和情感需求。[4] 这一行为类型关心的是发展与员工的友谊，培养领导和员工间的相互信任和尊敬，营造相互间温馨的氛围。关系型行为包括通过开放的沟通渠道保持与员工的良好关系，向之提供社交情感支持（心理安抚）及工作上的便利条件等。[5] 该类型的具体行为包括倾听、鼓励和指导等。

领导风格可以根据领导者在组织中任务导向行为和关系导向行为的相对数量来划分。如图 14-1 所示，任务导向行为和关系导向行为的四种组合确定了四种不同的领导风格。[6]

- **风格 1：高任务，低关系**。由于领导者给员工很多指令，却没有什么关系行为，这一告知式领导风格具有指示性。领导者用专制的方式为员工进行角色定位，告诉他们要做什么、怎么做、什么时候做、在哪里做。

- **风格 2：高任务，高关系**。推销式领导风格也具有指示性，但是其行为方式更有说服力、支持性和指导性。领导者在要求员工完成工作任务的同时，也以教练风格强调与员工间的人际关系。

- **风格 3：低任务，高关系**。在参与式领导风格中，领导者和员工之间没有那么多指令，而有更多的合作。这是一种顾问式或协商式的领导类型，领导者和员工共同做决策。

- **风格 4：低任务，低关系**。在授权式领导风格中，领导者将任务的责任委派给员工，只要求他们告知工作进展。

以上各领导风格在何时最有效呢？答案要视员工的性格和具体情境而定。

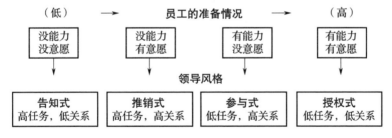

图 14 - 1 情境领导模型

资料来源：Based on Paul Hersey, Kenneth H. Blanchard, and Dewey E. Johnson, *Management of Organizational Behavior*, 9th ed. (Upper Saddle River, NJ：Pearson Eduction, 2008), p. 188.

员工

保罗·赫塞（Paul Hersey）和肯尼斯·H. 布兰查德（Kenneth H. Blanchard）的情境领导模型说明，最适宜的领导风格取决于员工的准备情况。[7] 准备情况指的是，员工是否有能力和意愿完成一项特殊任务。能力是个人或团队为完成一项特定任务或活动而使用的知识、经验和技能。意愿是个人或团队对完成一项特定任务的自信、承诺和动机水平。需要注意的是，准备情况与特定任务相关。一个人可能为某一项工作准备就绪，却未对另一项工作做好准备。员工的准备情况按照能力和意愿的不同组合，可以分为四类。

- **情况1：准备不足**。当员工对完成一项任务没有能力且没有意愿时，领导者需要运用强调任务行为的指令式或专制式告知风格。

- **情况2：有一定准备**。当员工没有能力，但有意愿完成一项任务时，领导者应该更多地关注关系行为，采用推销式领导风格。

- **情况3：准备比较充分**。当员工对完成一项任务有充足的能力但没有意愿时，领导者需要采用参与式风格，重视关系导向行为而轻任务导向行为。

- **情况4：准备得很充分**。当员工有能力又有意愿、有信心完成某项任务时，领导者应该采取授权式风格，给这些自立且胜任的员工以充分的自治权。

在选择领导风格之前，通过对员工的准备情况进行判断，对领导者采取正确的领导风格是有帮助的。随着员工准备得越来越充分，领导者应该越来越多地依赖于关系导向行为，减少任务导向行为。

环境变量

领导权变理论告诉我们，当环境变量发生变化时，对任何人或团队的最适宜领导风格也应做出相应的调整[8]。我们认为，除了员工的准备情况，你还应该考虑的权变因素有：领导者和员工之间的相互信任度、道德伦理考量、要达成的目标、任务特性、可使用的奖赏和时间限制等。

信任 人们一般不会听从他不信任的人的话。信任将为领导者赢得来自员工的尊敬和承诺，对领导者树立权威是极为必要的。[9] 在员工接受领导者的具体目标和承诺之前，领导者必须建立信任。

信任是你基于积极的预期，即相信他人会遵守道德，不会牺牲你的利益做投机取巧的事情，而甘愿承担风险。[10]当人们信任你时，他便会使自己变得易受伤害。当人们将私密信息告诉你或依赖于你的承诺时，人们就会变得脆弱。这些风险可能给人带来失望，或者导致被人占便宜。如果人们认为你会利用他们，那么，你是很难让人们跟从你的。

信任这个概念包括五个方面：正直、才能、一致性、忠诚和开放。[11]正直指的是诚实和坦率。如果人们认为你不坦率，其他的方面就没有考虑的必要了。才能包括技术层面和人际层面的知识和技能。如果人们不认可你的才能，他们是不会听信你的话和依赖于你的。一致性与处理问题的可靠性、可预测性和准确判断有关。不一致性，尤其是言行不一致，将降低他人对你的信任。忠诚是保护他人和保全他人面子的意愿。开放指的是他人愿意向你倾诉真相。

目标　在你选择采用何种领导风格之前，你需要明确你想要达成的具体目标是什么。根据个人或团队对完成不同目标的准备情况的不同，适宜的领导风格也会有差异。

任务特性　团队需要完成的任务的清晰度和结构化程度，也会影响最佳领导风格的选择。那些众所周知且有特定程序的任务，可能就不太需要领导者对任务的干预了。此外，没有规定运作程序的非结构化任务，可能就需要领导者对任务加以明确和结构化，并通过言传身教帮助员工识别并学习那些促成任务的行为。[12]无论如何，领导者都需要为员工明确通往目标的路径，以及完成目标后将会获得的奖励。

奖励　领导者可以通过明确告知员工"如果他们成功地完成任务，他们将获得他们期望的奖励"这一方式来激励员工。由于不同的人需要不同的激励物——例如，有人需要来自工作本身的内在奖励，而有人需要加薪、升职等外在奖励，领导者需要与员工交谈，了解他们想要什么样的奖励。领导者接下来的工作便是根据目标完成情况，兑现自己的承诺，即给予员工他们期待的奖励。[13]

  时间 决定领导风格的另一个重要环境要素就是可利用的时间。在紧急情况下，领导者没有时间听取来自员工的观点和建议，或者使用其他的参与风格。当需要立即行动时，任务导向行为是最为有效且最容易被人接受的，尤其是如果领导者已经得到了员工的充分信任。如果时间并不紧要，领导者则会在选择领导风格时有更大的自由度。

注释

1. Adapted from C. W. Cook, P. L. Hunsaker, and R. E. Coffey, *Management and Organizational Behavior*, 2nd ed. (Burr Ridge, IL: Irwin, 1997), p. 465, With permission of the authors.
2. Ramon J. Aldag and Loren W. Kuzuhara, *Organizational Behavior and Management*(Cincinnati, OH: South-Western, 2002), p. 331.
3. Stephen R. Likert, *New Patterns of Management*(New York: McGraw-Hill, 1961), p. 36; Ralph M. Stodgill and A. E. Coons, *Leader Behavior:Its Description and Measurement*(Columbus, OH: Ohio State University, Bureau of Business Research, 1957), p. 75.
4. Andrew W. Halpin, *The Leadership Behavior of School Superintendents*(Chicago, IL: Midwest Administration Center, University, of Chicago, 1959), p. 4.
5. Paul Hersey, Kenneth H. Blanchard, and Deway E. Johnson, *Management of Organizational Behavior*, 9th ed. (Upper Saddle River, NJ: Pearson Education, 2008), p. 105.
6. Ibid, p. 104.
7. Ibid, pp. 133-156.
8. Richard L. Daft, *The Leadership Experience*(Mason, OH: South-Western, 2005), pp. 23-24.
9. J. Kouzes and B. Posner, *The Leadership Challenge*(San Francisco, CA: Jossey-Bass, 1987).
10. D. J. McAllister, "Affect and Cognition-Based Trust as Foundations for Interpersonal Cooperation in Organizations," *Academy of Management Journal*(February 1995), p. 25.
11. P. L. Schindler and C. C. Thomas, "The Structure of Interpersonal Trust in the Workplace," *Psychological Reports*(October 1993), pp. 563-573.
12. F. E. Fiedler, *A Theory of Leadership Effectiveness*(New York: McGraw-Hill, 1967).
13. Robert J. House, "A Path Goal Theory of Leadership Effectiveness," *Administrative Science Quarterly*, Vol. 16(1971), pp. 371-388.

第十五章
变革管理

自我测评：我是一个变革领导者吗？[1]

根据你在学校或工作中的表现，完成表 15 - 1 中的测试。请将最能描述你的情况的数字写在每句话前面。

表 15 - 1　变革管理测试

		不同意			同意	
		1	2	3	4	5
分数						

_____ 1. 我对变革有着清晰的预感，并多次向他人提及此事。

_____ 2. 我通过种种事实和迹象，判断变革和改进的价值。

_____ 3. 我的优点之一就是鼓励他人表达与我相左的观点和意见。

_____ 4. 我总能赞美改善事物的行为，即使最后的结果令人失望。

_____ 5. 我认为我主要的工作就是激励他人改进工作。

_____ 6. 有时，我会采用夸张的手段，如头脑风暴、停止工作、去工作地点之外的地方等，向他人宣告我将采取重大的变革。

_____ 7. 我经常冒险，还鼓励他人冒险，但这一主张一旦失败，将带来一连串的问题。

_____ 8. 我会经常花费时间考虑一些解决老问题的新办法。

_____ 9. 我确信我们总能从失败中学到经验教训。

_____ 10. 我经常称赞他人所做出的变革。

(续)

	不同意			同意	
	1	2	3	4	5
_____ 11. 我会同时参与几个改革项目。					
_____ 12. 我试图做一个好的倾听者，对他人的建议有足够的耐心，即使这是一个"愚蠢"的想法。					
_____ 13. 我积极支持变革行为，即使这一变革有可能行不通。					
_____ 14. 我擅长变革权术，为变革建立了同盟。					
_____ 15. 我能让上层支持我的变革。					
_____ **变革管理的总得分**					

得分与解析

加总你选择的数值，得到你的变革管理总分。这一分值显示了你是否为倡导变革的积极力量。以上这些题描述了与成功变革领导有关的行为。

60～75分：优秀——领导变革的力量之源。

45～60分：良好——积极的变革领导者。

30～45分：一般——你对变革持中立态度。

15～30分：差——你可能是变革的阻力。

对以上描述进行回顾，看看哪道题你的得分最低，并制订一个计划，改进你的变革手段。与其他人多讨论你的得分和你的想法。

技能概念

正如第十四章所讨论的，要带领组织通过变革获得新生，仅仅成为事务型领导是不够的。对这一情况，需要的是变革型领导。比起其他类型的领导，变革型领导对环境变化的觉察更为敏锐，对制定任务和目标更为关注。这些探路者是企业家和有着魅力的领导者，他们对组织的下一步发展非常关注。[2]

这些变革型领导如何催生变革并克服对变革的抵制，就是本章的主题。

变革型领导为员工提供方向，激励员工，让员工自愿按照他的意愿行事，并承担相应的责任。[3] 变革型领导通过创造愿景和目标来催生变革，并说服员工支持变革，共同朝着目标努力。

变革型领导运用的技巧，在之前的章节中已经提到过，如发布有效信息、设定目标、澄清期望、劝说他人以支持变革，包括对组织愿景、策略、文化的变革，或者对产品和工艺的革新。研究表明，变革型领导与第十四章讨论过的事务型领导有四个明显的不同。[4] 变革型领导会培养员工成为领导者，通过提供对高级心理需要的满足来激励员工，鼓励员工放下私利，全力为组织的福利服务，创造出一种愿景，让变革的痛苦与努力的成果相适应。

计划变革的三个阶段

计划变革的过程有三个阶段：解冻、变革、再冻结。[5]

第一阶段，解冻。该阶段主要帮助人们认识到由于环境的变化，变革已经成为一种必要。在这一阶段，领导者需要对目前的态度和行为进行调整，以减小变革的阻力。领导者可以通过解释变革如何有助于提高生产力来完成这一进程。另一项必须要做的工作就是要说服变革的参与者，告知他们的社会满足感不会因为变革而降低，或者变革的成本将通过他们所关心的一些其他收获而得到补偿。领导者的目标是帮助参与者看到变革的必要性，并激发他们促成变革的愿望。

第二阶段，变革。该阶段就是推动或实施变革。这一过程包括让参与者破除旧的行为方式，开拓新的行为方式。由于改变人们所习惯和熟悉的方式会带来焦虑，如学习新的行为方式、与陌生人合作或用更加复杂的技术完成不同于以往的工作，这一过程的推进会相当困难。在更复杂的变革中，一些变革的目标可能还需要即时做出调整。

第三阶段，再冻结。该阶段包括强化变革，从而使新的行为方式得以巩固。如果人们认为变革有利于他们，积极的结果就可以作为行为巩固的强化物；如果人们认为变革不利于他们，那么领导者可能就必须利用一些积极的或消极的外部强化物。[6] 例如，领导者可以通过预测期待中的积极结果将要到来，鼓励员工在变革中继续工作。当变革成功时，领导者可以给员工一些小小的奖励，如一顿午餐或一个下午的休息等。在变革过程中，这一阶段的目标就是将理想的态度和行为变成一种自然和自我强化的模式。

促进变革的技巧

重大的变革一般不易发生。变革过程要历经多个阶段，每一个阶段都非常重要，需要大量的时间。图 15 - 1 呈现的是领导者在促进变革成功实现的过程中需要的八项技能。[7] 每个变革的步骤可能会重叠，但是跳过某一步骤或在某一步骤犯了重大错误都可能导致变革的失败。

---

1. 创造要求变革的意识
- 打破当前的自满。
- 说明变革的必要性。
- 营造紧迫感。

2. 组建一个强有力的领导联盟
- 建立一个由意见领袖组成的团队。
- 评估问题和解决问题的方法。
- 培养对变革的共同承诺。

3. 描绘共同愿景和制订实施计划
- 描绘一个诱人的愿景，让人们渴望变革。
- 为实现这一愿景制订实施计划。

4. 就愿景的实现进行广泛的沟通
- 与所有的利益相关者不断地就愿景进行沟通。
- 让领导联盟的成员作为新行为的示范榜样。

图 15 - 1　促进变革的八项技能

5. **授权**
- 克服变革的阻力。
- 提供知识、资源、培训和必要的职权。
- 建立促进和奖励变革的系统和结构。

6. **形成短期收益**
- 以具有高可见度且容易实现的项目为目标。
- 对完成目标的员工公开地进行奖励，如奖金、认可和赞美。

7. **评估已经完成的变革，巩固成果，并致力于更大的变革**
- 在完成短期变革目标之后，避免体验到失望情绪。
- 利用短期收益中获得的可信度，巩固已获得的改善，并激励员工着手解决更大的问题。
- 改革阻碍变革行为的系统、结构和政策。

8. **让变革继续**
- 通过奖励新的行为，对组织文化中新的价值观和信念进行再冻结。
- 清楚地说明新行为和组织成功之间的联系。

图15-1 促进变革的八项技能（续）

资料来源：Based on J. S. Osland, D. A. Kolb, I. M. Rubin, and M. E. Turner, *Organizational Behavior: An Experiential Approach*, 8*th ed.*, (Upper Saddle River, N. J.: Prentice Hall, 2007), pp. 637-642; J. P. Kotter, *Leading Change* (Boston: Harvard Business School Press 1996), p. 21; P. L. Hunsaker, *Management: A Skills Approach*, 2nd Edition (Upper Saddle River, N. J.: Prentice Hall, 2005), pp. 481-484, J. P. Kotter and D. Cohen, *The Heart of Change: Real-Life Stories about How People Change Their Organizations* (Cambridge MA: Harvard Business School Press, 2002).

创造要求变革的意识　在第一阶段，领导者要通过制造一种变革的紧迫感，促使员工的思想解冻。如果组织明显地面临着生存危机，那么，这种类型的危机将会引起相关人员的注意。例如，IBM在20世纪20年代利润和股票价格的急剧下降，让所有利益相关者都产生了紧迫感。然而，在很多情况下，潜在的危机并不易于察觉，领导者要通过观察外部环境，如竞争条件的变化、市场地位的变化，以及社会、技术和人口学的变化趋势等，发现潜在的问题。在这些情况下，领导者需要寻找方法，广泛沟通信息，让他人意识到变革的必要性。

组建一个强有力的领导联盟　第二步是要建立一个意见领袖组成的团队。这些意见领袖拥有足够的权力，可以引导变革过程。在这一阶段，关键是培养出对变革的共同承诺，以满足组织变革的需要，指引组织变革的方向。外出静思会等方法，能让人们聚集起来，形成对问题的共同看法和解决办法。还有一点很重要，就是在这一联盟中，需要吸收各个管理层次的人士参加，以保证得到来自高层领导的支持和来自中下层员工的积极执行。

描绘共同愿景和制订实施计划 变革型领导需要制定并向员工清楚地表达出一个诱人的愿景，这一愿景将使人们渴望变革，并指引他们的变革行为。这一愿景说明的是当目标达成时会如何。它应该阐明核心价值观和原则，将所有追随者的努力拧成一股绳。有效的愿景会激发追随者的热情去达成特定目标，因为他们将为共同的伟大事业贡献自己的一份力量。领导者还需要为完成这一愿景而选择策略。

就愿景的实现进行广泛的沟通 领导者需要动用一切可能的方式，与所有的利益相关者就愿景和策略进行广泛的沟通。除非组织中的大多数人都参与其中，并愿意帮忙，否则变革根本不可能发生。这种沟通应始于改革联盟中的领导者自身，他们为员工示范新的行为方式，成为员工的榜样。

授权 在这一阶段，员工应补充知识、开拓资源、谨慎处事，以促成变革的发生。领导者应鼓励并奖励那些冒险和非传统的想法和行动。此外，他们还需要修改那些阻碍或损害变革努力的系统、结构或程序。例如，处于生存危机之中的劳斯莱斯汽车公司，其员工和管理层修改了上百条损害变革的职位描述，并鼓励所有员工在他们的能力范围之内多做任何有助于公司发展的事情。[8]

形成短期收益 重大变革需要长时间才能完成，如果短期成就没有得到员工的认可和赞美的话，变革便会失去动力。因此，领导者应该确保获得可见的绩效改善，让改善得以发生，并表扬那些参与其中的员工。这些小成功可以提升变革过程的可信度，激发员工对变革的责任感和热情。[9]

有时，小的阶段性胜利可以带来巨大的效果。就像某一流行趋势的蔓延，只要一小部分人开始主动进行小的改变，那么，巨大的积极影响的改变临界点就会产生。[10]

评估已经完成的变革，巩固成果，并致力于更大的变革 这一阶段是以短期获得的可信度为基础的，巩固改善成果，以便着手处理更大的问题，进行更大的变革。领导者要改革阻碍变革行为的系统、结构和政策。他们雇用、提升和培养员工，因为这些员工能执行计划，并创造新的变革项目。仍以劳斯莱斯公司为例，当公司处于这一阶段时，领导者组建了"变革小组"，组成成员包括在平行岗位上经过交叉培训的员工以及从主管到车间工人进行垂直岗位轮换的员工，让小组成员进行沟通，共同激发新的想法。[11]

让变革继续 这一阶段属于再冻结阶段。在这一阶段中，新的价值观和信念将逐渐灌输至组织文化中，每位员工不再把变革看作新事物，而是当作组织运行中的一个正常且必要的部分。旧的习惯、价值观、传统和思维，通过对新行为的强调和奖励而被永远地取代。

克服抵制变革的技能

过度地或者不合理地抵制变革可能会阻碍进步，甚至摧毁试图变革的努力。某些时候，即使变革带来的收益明显高于损失，但仍会被抵制。为什么会这样呢？首先，是要理解发生抵制变革的原因究竟是什么。然后，是要确定克服抵制变革的策略。关键是要以最小的混乱找到克服抵制变革的方法的同时，能够满足变革情况的需求。

变革阻力的来源

通常，人们抵制变革是因为他们力图避免不确定性。以往做事的方式是众所周知的且可预测的。抵制变革的其他原因大概可以归纳为以下几点：

- **害怕未知事物。** 当人们对事物不确定，不知道事物将如何影响他们的生活时，就会抵制变革。例如，他们不知道他们能不能表现得像变革之前那么好，会不会失去职位、薪资、地位、权力，甚至他们的工作。[12]

- **选择性知觉**。当发起变革时，人们会倾向于注意变革是如何影响他们个人的，而不是看到变革会对整个组织带来什么样的影响。此时，变革可能会被认为是与个人信念和价值观相互冲突的。

- **缺乏信息**。如果人们缺乏关于变革的影响和变革的重要性等信息，他们就会抵制变革。此外，如果没有得到关于如何变革的足够信息，出于对犯错的恐惧，他们就不会去尝试。

- **习惯**。人们偏爱熟悉的行为和事件，即使这些行为和事件并不是最佳的。改变习惯是很困难的，因为需要付出艰苦的努力，并放弃旧习惯带来的好处。即使新习惯能带来更理想的结果，人们也难以改变旧习惯。

- **对变革发起者的怨恨**。如果一个变革看起来是武断的或不合理的，变革的时间要求紧迫，或者变革措施缺乏对参与者的考虑，人们便会对这些变革发起者产生怨恨和愤怒。人们还会对受到约束和失去自主权而感到忿恨，尤其是当变革没有考虑他们的想法和感受时。

- **对权力维持造成威胁**。对决策权和资源分配权方面的变革，将威胁组织原本的权力平衡。受益于变革的人将拥护变革，而失去权力的人则会抵制变革，这将减慢或阻止变革的进程。[13]

- **结构稳定性**。为了推动命令的执行，并指导员工的行为，组织的领导者建立了层级、小群体、规则和程序。所有这些步骤都是为了培养出一致的、可预测的行为，这些行为将抵制变革。

- **组织文化和规范**。组织文化建立了组织的价值观、规范和期望等，以促进人们以可预测的方式进行思考和行动。如果组织成员意识到变革正迫使他们放弃他们所认可的工作方式，他们便会抵制变革。

应对抵制组织变革的策略

在你明白为什么存在变革阻力之后，下一步就是采取策略克服抵制。有时，你可以同时采取以下提到的多种策略。[14]

- **教育与沟通**。即使从总体上看，改革的结果是积极的，广泛的沟通也将有助于减轻员工的焦虑，确保他们了解正在发生什么、需要他们做什么，以及在推进变革的过程中他们将获得怎样的支持。[15]教育与沟通的目标是帮助员工提前了解变革的原因、将采取什么形式、变革可能的结果是什么。

- **参加与参与**。当变革会对员工造成直接影响时，参与变革将增进理解、加强员工对情绪的控制、减少不确定性，并激发员工的主人翁意识。变革型领导应鼓励员工参与设计和贯彻变革，从而吸收他们的观点，培养他们的责任感。员工很难抵制由他们自己推动并发起的变革。

- **促进与支持**。接受员工对变革有疑虑这一现实，并帮助他们妥善处理变革过程中的问题，领导者或许更有希望获得员工的尊敬，使员工更有促成变革的责任感。鼓励和支持员工，为他们答疑解惑、提供资源，帮助他们适应新的规则，减轻改革所引起的震荡。

- **谈判与达成协议**。在应对强有力的抵制者，如谈判单位时，领导者通常有必要运用这一策略。交涉有助于促使改革同意方案的出炉。有时，一些特殊问题可以作为换取帮助的条件，以推进变革的实施。在其他情况下，一些微不足道的让步可以大大推动变革的进程。

- **笼络**。笼络是通过向抵制者提供他们所期待的利益或让他们在变革过程中充当他们所期望的某一角色，从而影响他们，使他们拥护变革的策略。这一策略，需要通过建立相应的利益分配机制、股票持有计划或升职计划等来完成。

- **强制**。在有些情况下，领导者不得不运用职权，威胁那些变革抵制者，迫使他们接受变革。例如，如果员工不接受既定的改革，可能有必要采取关闭车间、减薪或解雇员工的方法。

何时抵制变革是有益的

对变革的抵制不一定是坏事。有时，抵制能使组织免受反复无常的变革观念所带来的损失，因为如果变革观念变化得太频繁，将损害变革的可预测性。[16]抵制可以成为一个有利的刺激，鼓励双方进行对话，并对变革的其他方式和结果进行深入、周到的分析。抵制还可以使管理层收到有意义的反馈，例如，需要加强员工的责任感和支持，或者需要对员工进行培训以克服根深蒂固的工作习惯等。[17]

注释

1. Adapted from Richard L. Daft, Daft, *The Leadership Experience*, 2nd ed. (Fort Worth, TX: Harcourt College Publishers, 2002), pp. 608-609.

2. Harold J. Leavitt, *Corporate Pathfinders* (New York: Penguin, 1987), p. 3.

3. Warren Bennis and Burt Nanus, *Leaders: The Strategies for Taking Charge* (New York: Harper & Row, 1985), p. 20.

4. Bernard M. Bass, "Theory of Transformational Leadership Redux," *Leadership Quarterly* 6, No. 4 (Winter 1995), pp. 19-31.

5. K. Lewin, *Field Theory in Social Science* (New York: Harper & Row, 1951).

6. Thomas G. Cummings and Christopher G. Worley, *Organization Development and Change*, 5th ed. (St. Paul, MN: West Publishing Company, 1993), p. 63.

7. John P. Kotter, "Leading Change: Why Transformation Efforts Fail," *Harvard Business Review* (March-April, 1995), pp. 59-67.

8. Charles Matthews, "How We Changed Gear to Ride the Winds of Change," *Professional Manager* (January 1995), pp. 6-8.

9. John P. Kotter, "Leading Change: Why Transformation Efforts Fail," *Harvard Business Review* (March-April, 1995), pp. 59-67.

10. Malcolm Gladwell, *The Tipping Point: How Little Things Can Make a Big Difference* (Boston, MA: Little, Brown and Company, 2002), pp. 7-9.

11. Charles Matthews, "How We Changed Gear to Ride The Winds of Change," *Professional Manager* (January 1995), pp. 6-8.

12. C. Argyris, *Personality and Organization* (New York: Harper & Row, 1957).

13. R. M. Kanter, When Giants Learn to Dance: Mastering the Challenges of Strategy (New

York: Simon & Schuster, 1989).

14. John P. Kotter and Leonard A. Schlesinger, " Choosing Strategies for Change," *Harvard Business Review* 57(March-April 1979), pp. 106-114.

15. Jean B. Keffeler, " Managing Changing Organizations: Don't Stop Communicating," *Vital Speeches*(November 15, 1991), pp. 92-96.

16. Margaret J. Wheatley, Leadership and the New Science: Learning about Organization form an Orderly Universe(San Francisco, CA: Barett Koehler, 1994), pp. 25-99.

17. Mei-I Cheng, Andrew Dainty, David Moore, "Implementing a New Performance Management System within a Project-Based Organization: A Case Study," *International Journal of Productivity and Performance Management*, Vol. 56(January 2007), pp. 60-75.

第五部分

团　队

第十六章

团队建设

自我测评：我的团队合作风格是什么？

阅读表 16 – 1 中的描述，选择与你在团队中的行为最符合的答案。

表 16 – 1   团队合作风格测试

描述	选项		
	经常	有时	很少
1. 我希望在共同目标上达成一致。	_____	_____	_____
2. 我让团队成员自己操心自己的特定目标。	_____	_____	_____
3. 我向团队成员清楚地说明他们的个人责任和集体责任。	_____	_____	_____
4. 比起小胜利，我更关注大成功。	_____	_____	_____
5. 对于我的问题和局限性，我秘而不宣。	_____	_____	_____
6. 我谦恭地听取他人的意见。	_____	_____	_____
7. 我是可靠和诚实的人。	_____	_____	_____
8. 我不打听他人对我的表现有何反馈意见。	_____	_____	_____
9. 我会对如何改进团队协作过程提出自己的建议。	_____	_____	_____
10. 我会对他人的贡献给予反馈。	_____	_____	_____

得分与解析

第 1、3、6、7、9、10 题选择"经常"得 3 分，选择"有时"得 2 分，选择"很少"得 1 分。第 2、4、5、8 题选择"很少"得 3 分，选择"有时"

得 2 分，选择"经常"得 1 分。

　　加总你的分数。总分在 27 分及以上，说明你是一个好的团队成员；总分为 22～26 分，说明作为团队的一员，你还有不足之处；总分在 22 分以下，说明你还有很大的提升空间。

技能概念

　　团体（group）和团队（team）其实是两个不同的概念。团体是指两个或两个以上的个体，主要通过共享信息和制定决策而产生相互影响，在一个既定的责任范围内相互帮助。团体中的成员不需要参与集体工作和付出共同努力，他们的业绩仅仅是每个团体成员的个人贡献之和。

　　团体的工作效果还可能更糟。团体中通常存在过程损耗，降低了团体成员潜在的生产力。这些过程损耗，如沟通不良、敌对冲突和逃避责任等，将产生负面效应，导致"假团队、真敌对"的现象，从而使合作的效果低于每一个体单独工作的潜在水平。即使团体成员称他们是一个团队，但实际上他们也不是。因为他们并不关注集体绩效，也无意形成一个共同目标，假团队的工作绩效要大大低于一个真正的工作团队。[1]

　　团体和团队的区别在于，团队的成员致力于实现一个共同的目标，有一系列具体的绩效目标，对团队工作结果有着共同的责任。由于这些独特的元素，团队会产生积极的共同作用，使得总体的绩效水平高于个人贡献之和。推动一个工作团体真正成为一个高绩效的团队的主要力量，就是对共同绩效的强调。

　　"行进在正确的道路上，但还没到达。"这句话最恰当地描述了一个潜在团队的特征。潜在团队有追求更高绩效的需求并努力达成它，但途中也会存在一些阻碍。团队的目的和目标需要更明确，或者团队之间需要更好地协作。结果是潜在团队还未建立起共同的责任意识。要成为一个真正的团队需要具备一些共同特征，这些共同特征使得团队有着持续的高绩效。我们认为，真正的团队有以下六个方面的特征。

高绩效团队的特征

关于高绩效团队的研究表明，高绩效团队的成员会有一小部分能力互补，并且共同承担同一个目标，使用统一的工作方法，都可以为自己负责。[2]

规模小

高绩效团队的人数都很少。当团队成员数量超过 10 人时，成员的工作效率就难以保证了。他们难以形成有建设性的相互作用，难以达成一致的意见。人数较多往往难以产生一个真正的团队所具有的共同目标、目的、方法和责任。他们仅仅是走走过场罢了。因此，若要组建一支有效的团队，人数要控制在 10 人或以下。如果自然工作单位较大，而你又想获得团队的力量，那么就可以把大团体分成小团队。例如，联邦快递公司就将其总部的 1000 名员工分成了一个个 5 ~ 10 人一组的小团队。

互补的技能

为了有效运作，一个团队需要有三种技能。首先，团队需要成员具有技术方面的专业知识。其次，团队需要成员具有解决问题和制定决策的技能，从而能够识别问题、形成解决方案、评估解决方案并选择最佳方案。最后，团队需要成员具有良好的人际沟通技能。

没有以上三种技能，一个团队是不可能实现其绩效潜能的。正确的技能组合很关键。一种技能太突出，而另一种技能不足，也会降低团队绩效。

团队并不需要在成立之初就拥有这三种互补的技能。随着团队成员越来越关注个人成长和发展，只要某种技能存在潜力，一个或几个团队成员可能会担起弥补团队这一技能不足的责任，从而学习新的技能。此外，如果团队中的技术技能、决策制定技能和人际沟通技能都适得其位的话，成员之间的个人兼容性对团队的成功就没那么重要了。

共同的长远目标

团队是否有一个让全体成员都渴望、有意义的长远目标？这一长远目标是一个愿景，比任何具体目标都更深远。高绩效团队有着共同且有意义的长远目标，这一目标为团队成员提供了方向、动力，并赋予了相应的责任。

例如，苹果电脑公司的麦金塔电脑开发团队，几乎虔诚地致力于打造一个用户友好型的机器，为人们使用电脑的方式带来变革。Saturn 公司生产团队的成员因共同目标而凝聚在一起，他们的目标是生产出一辆能在质量和价格上击败顶级日本车的美国车。

成功团队的成员要投入大量的时间和精力于长远目标的讨论、形成和达成一致性，这一目标既属于团队这个集体，也属于个人。这一共同且长远的目标，一旦被团队成员所接受，就像船长手中的天文导航仪一样，在任何情况下都能为团队提供方向和指导。

具体的目标

成功的团队会将长远目标分解为具体、可衡量和可显示的具体目标。它将促进成员做出更高的绩效，还能对团队起到激励作用。具体目标使成员间的沟通更清晰，有助于团队将精力集中于结果的获得。具体目标的例子包括：为顾客提供 24 小时服务，在未来半年内降低生产周期时间 30%，或者保持设备的每月停机时间为 0 等。

共同的途径

目标就是团队努力的重点。界定并对一个共同途径达成共识，能够确保团队在达成目标的方法上具有统一的认识。

团队成员必须共同努力，分享工作量，并就对谁负责什么达成一致。此外，团队需要确定如何安排时间、需要发展哪些技能、冲突如何解决，以及如何制定及修改决策。最近，在亚拉巴马州的 Olin Chemicals' Macintosh 对工作团队做了一次调查，调查包括让团队完成关于他们如何组织成员工作并分配具体责任等问题的问卷。因此，将个人技能与团队绩效相结合，就是形成共同途径的本质。

共同的责任

高绩效团队的最后一个特征就是个人水平和团队水平的责任。成功的团队让成员对团队的长远目标、具体目标和实现目标的途径都负有个人责任和共同责任。成员理解个人责任和共同责任之所在。

研究表明，当团队只关注团队水平的绩效目标，而忽略个人贡献和责任时，团队成员经常会出现社会性懈怠。[3] 由于个人贡献不被认可，他们就减少了自己的付出。实际上，他们就成为依赖于团队努力的搭便车的人。结果是团队的整体绩效下降。这一现象再次肯定了衡量个人贡献的重要性。在衡量团队整体绩效的同时，也要衡量个人对团队的贡献。成功的团队要求成员对团队绩效表现出强烈的集体责任感。

团队有效合作的障碍

当团队在具有支持性的内部氛围中得到了合理的发展时，团队将带来极佳的结果。然而，仍会存在大量的障碍，阻碍团队合作的有效实施。接下来，我们将总结一些阻碍团队发挥高绩效的主要障碍，并总结一些你可以用来克服这些障碍的技术。

方向感差

当团队成员不明确团队的长远目标、具体目标和合适的工作方法时，团队的表现就会很差。再加上领导不力，最终的结果就是失败。没有什么比团队成员没有目标更能损害团队热情的了。

内讧

当团队成员花费大量的时间与同事吵架或诋毁同事时，团队的精力就用错了地方。高绩效团队不一定是由彼此欣赏的人所组成的；然而，团队成员必须相互尊重，并愿意为了促进团队目标的达成而存小异求大同。

逃避责任

如果成员表现出缺乏团队责任感，用计谋让他人做本应由自己完成的工作，或者因为个人或团队的失败而责怪同事或管理层，那么这个团队就有大麻烦了。这样的结果就是形成了一个假团队——有团队之名，但工作绩效很低，甚至持续低于团队成员个人独立绩效之和。

缺乏信任

只要团队成员相互信任，他们就会相信彼此的正直、品质和能力。当团队缺乏信任时，成员之间难以相互依靠。缺乏信任的团队通常都是短命的。

缺乏关键技能

当出现技能不足且团队没有填补这一不足时，团队将举步维艰。团队成员之间沟通困难，破坏性冲突得不到解决，决策难以做出，技术上存在困难，这些问题最终将击溃这个团体。

缺少外部支持

团队存在于组织之中。团队要依赖于组织中各种各样的资源，如资金、人力和设备等。如果这些资源没有分配给团队，那么团队就难以释放其绩效潜能。例如，团队必须遵守组织的人员选拔过程、正式的规章制度、预算程序和补偿制度。如果这些因素与团队的需求和目标不一致，团队的绩效就会受到损害。

克服困难，实现有效的团队协作

克服以上障碍有许多种方法，这些方法能够帮助团队释放它们的潜能。

建立清晰的目标

高绩效团队的成员应对团队目标有着清晰的认识，认为团队目标体现了一个有价值、重要的结果。而且，这些目标的重要性将促使成员将自己的关注点升华到团队目标层面。在高绩效的团队中，成员对团队目标都积极投入，他们知道自己被期望做出的贡献是什么，并且知道如何与其他成员协力完成这些目标。

鼓励团队为小的成就而努力

组建真正的团队需要花费大量时间。团队成员需要学习按照团队的思想进行思考和工作。不要指望新的团队在成立之初就能获得最终的收益。团队成员应先为获得小的成就而努力。

上述机制可以通过确定并设定易于实现的目标而加速。例如，最终目标是实现成本降低30%，这一目标可以分解为每次降低5%或10%等容易达到的小目标。一旦小目标达到了，团队的最终目标便得到了强化。团队的凝聚力增强了，士气也得到了提升，成员的自信心也建立起来了。实际上，小的成功孕育着更大的成功。对于刚组建不久的团队来说，如果他们像这样步步为营的话，要想实现目标和获得成功就容易多了。

建立相互信任

信任是脆弱的。信任感的建立需要花费较长的时间，而信任感的破坏却是相当容易的。你可以通过以下事情在团队中营造相互信任的氛围。[4]

你可以通过及时向团队成员解释上层决策和政策，并提供准确的反馈，使团队成员保持消息灵通；营造开放的氛围，让团队成员能自由地讨论问题，而不用担心遭受报复；敢于说出自己的问题和不足；当他人需要支持时，你能帮上忙；尊重和倾听团队成员的观点；在对待团队成员时，保持公平、客观和公正；在行为中表现出一致性，避免采取奇怪和出人意料的行为；最后，要保持可靠和诚实，兑现明确和隐含的承诺。

评估团队表现和个人表现

当团队取得成功时，所有团队成员都应该共享荣誉；当团队遭受失败时，所有团队成员都应该受到批评。因此，对每位团队成员的绩效评估都应该建立在团队整体绩效评估的基础上。然而，团队成员都需要知道不能依赖他人。因此，你还应该对每位团队成员的贡献进行认定，并评价他为团队整体绩效做出的贡献。

提供必要的外部支持

管理者是团队和上层领导之间的纽带。保证团队拥有实现其目标所必要的组织资源，是管理者的工作职责。管理者应该时刻准备着让组织中的关键决策制定者提供团队所需的工具、设备、培训、人力、物理空间或其他资源。

提供团队技能培训

团队，尤其是处于组建初期的团队，需要接受技能培训。一般来说，培训应着重于以下方面：问题解决、沟通、谈判、冲突解决和团队过程（group-processing）技能。如果你自己不能向团队成员提供这些方面的培训，那么就要寻找组织中的其他专家，或者找到资金支持，请外部的专家来进行培训。

调整团队成员

当团队陷入惰性或内斗时，要进行岗位上的调整。要进行这一调整，管理者需要考虑团队成员在个性特征上的配合。重组团队可以使团队成员在技能上更好地互补。如果缺乏领导力是团队的问题所在，那么利用你对团队成员的熟悉度，让他们参与团队建设，这样他们就极有可能成长为合格的领导。

推进团队协作

引导是使团队有效运作的过程。引导是这样完成的：观察团队在内部过程中的表现，如目标设定、沟通、决策执行、冲突解决和问题解决等，然后进行适当的干预以改善这些过程。[5] 四个更需要观察的内部过程分别是角色行为、沟通模式、决策机制和过程干预。

角色行为

有三种可观察的团队角色行为。[6] 第一种是任务行为，它强调团队是如何完成工作的，如设定工作日程、为决策提建议、确定截止时间等。第二种是保持行为，它关注的是满足团队成员的社会和情感需求，如解决冲突、给予认可和处理难以相处的行为等。第三种是个人行为，它仅仅满足个人需求，并通常与团队任务和团队需求相冲突，如由于贪图个人利益而拒绝为整体利益做出妥协，从而阻碍了团队的发展。

为了提高团队效率，引导者应该帮助团队成员扩展其角色；还可以与团队成员分享看法，讨论什么角色阻碍了团队发展，以及什么角色促进了团队进步。

沟通模式

对引导者而言，团队过程中需要观察的一个重要方面就是团队中的沟通模式：谁说话？说了多久？多久说一次？谁在谁之后说话，或谁打断了谁？沟通风格是断言还是提问？语调和手势如何？

观察这些沟通行为，能为我们提供线索，告诉我们谁是最有影响力的、是否存在同盟，以及成员对彼此和任务的看法如何。参与频率越高的成员，通常也更有影响力，尤其是如果他们坚定自信、口才好并能反复强调他们的观点。然而，通过阻碍两个或两个以上的成员组成的同盟，能够稀释高频参与者的影响力。当这一切发生时，内向的成员会认为仅仅倾听和保持沉默会带给他们更多的安全感。但问题却是，这样的成员往往有着最棒的想法。

引导者应观察这些沟通模式，并通过社会关系图画出这些沟通模式和它们导致的结果。社会关系图画出了小组座位安排，并附上了成员姓名。两个成员姓名之间画的线，表示两名成员相互交谈；而在图中间画一条线，则表示有人对团队发表了看法。每一次有成员说了什么，引导者都能在连接线上做出适当的标记，表明这次陈述的性质。例如，"i"表示打断，"e"表示鼓励，"q"表示提出问题。[7] 在团队会议结束时，引导者可以将观察到的情况报告给团队，从而使团队改变沟通模式，使团队合作更为有效。

决策机制

任何团队决策过程的效率都依赖于任务、团队成员、当前限制因素和其他环境变量的特定性质。最重要的是要运用最恰当的程序。例如，自我授权的决策，可能没有代表整个团队的最大利益。大部分团队都认为他们达成了一致，全体成员都支持这个决策，而实际上，大部分决策都是由有影响力的少数人制定的。引导者需要观察七个一般决策制定程序，并将观察结果反馈给团队，请见表 16 - 2 的归纳。

表 16 - 2　一般决策制定程序

决策类型	描述	示例
"扑通" （the plop）	对于一个武断的陈述，紧随其后的是沉默	如果一个陈述，如 "我认为我们需要设定目标"，紧随其后的是团队成员的沉默，就是团队成员做出了非言语的决策，否定了该提议
自我授权的议程	对于一个武断的陈述，紧随其后的是执行这一建议的行为	"我觉得我们应该介绍一下自己。我叫 Elena Cortez。"
握手	一个人提出建议，另一个人执行	甲说："我觉得我们应该介绍一下自己。"乙说："我也这样觉得。我叫 Howard Johnson。"
少数决策 （有人反对吗?)	几个人达成了一致意见，意见的提出没有受到失望或犹豫不决的人的抵制	"我们似乎都同意 Elena 的建议。" "如果没有人反对 Howard 的建议的话，我们就这样做吧。"
投票	典型的投票体系，少数人服从多数人	"我们投票吧，谁的票数最高谁获胜。"
民意调查	与每一个团队成员联系，从而获得他们的看法	"我们轮流发言，看看大家对此的看法如何。Elena，你认为如何？"
一致同意	获得了全体的一致同意	问题的讨论具有一定的深度，所有团队成员都认为某种行为方式是他们所能达成共识的最好方式

资料来源：Adapted from the *Reading Book* (*Revised*) *of the NTL Institute for Applied Behavior Science* (Washington, D. C.：National Education Association, 1970), p. 22.

过程干预

当然，在团队成员相互作用时，能观察到的过程不仅仅是以上几个。重要的是，观察的结果会随着团队的行动、发展阶段、目标和需要，以及许多其他环境因素而发生变化。对团队过程的观察为团队提供了重要信息，有利于判断如何提高团队的绩效。下一步就是做些有益的事情。

通常，引导者通过向团队报告观察到的信息并让团队利用这些信息，以加强团队过程的有效性。其他时候，则可以采取一些合适的干预手段，包括对改变团队结构的建议，如修改工作议程、建立规则、分配任务和指派维护角色等。过程干预的其他例子还包括：指派一个调解人、扮演守门员的角色、改善团队沟通状况，或者建立一个理性的问题解决程序。

团队发展的阶段

团队发展的阶段与人的发展阶段类似。团队经历出生、成长、发展，最后死去。为了使团队变得稳定、有凝聚力、有效率，团队成员需要在团队成熟所需要经历的几个阶段中，解决关于团队的目标、力量和亲密关系的问题。布鲁斯·塔克曼（Bruce Tuckman）构建了一个基于研究的模型，如图 16 - 1 所示。该图画出了团队的成熟过程。团队成熟要经历组建、震荡、规范、表现和解散五个阶段。[8] 不同的团队在不同的发展阶段所停留的时间长短是不同的，有些团队还可能会永远停滞在某一个阶段，这可能是有意而为之的，也可能是团队深陷其中。[9] 了解这一成熟过程，将促使领导者和团队成员遵循团队发展的五个阶段，并顺利地从一个阶段转变到另一个阶段。

组建阶段（Forming）。在一个刚刚组建的团队中，关于团队的目标、结构、氛围和领导者都存在着很多不确定性。团队成员需要明确团队目标，

组建阶段 意识: 承诺 接纳	
震荡阶段 冲突: 澄清 归属感	
规范阶段 合作: 参与 支持	
表现阶段 生产力: 成就 自豪	
解散阶段 分离: 认可 满足	

图 16 - 1　团队发展的五个阶段

探索成员之间的关系,并探究完成团队任务的策略和方法。他们需要说明大家都接受的团队目标和个人目标都可以被满足。当团队成员投身于团队目标并对他们应该做些什么来实现目标达成共识之后,组建阶段就完成了。

震荡阶段(Storming)。在团队成员试图确定任务完成程序、角色指派、关联方式和权力分配的过程中,意见不一致是不可避免的。引导者需要解决有关权力和任务结构的冲突,解决相伴随的敌对状况,并发展成员彼此的接纳力和凝聚力,这些对团队发展到下一个阶段都是必要的。

规范阶段(Norming)。规范阶段是建立一系列对团队成员的行为期望的过程,以说明当完成任务、进行领导和与人相处时,期望团队成员如何彼此相待。通过推动团队成员间的坦诚沟通,团队的凝聚力得以增强,从而促进这一阶段的发展。如果这一阶段顺利度过，将提高成员的参与度和相互支持，并且营造出和谐的团队氛围。

表现阶段（Performing）。在顺利度过规范阶段之后，团队成员在相互接纳和成员间相处方面不再矛盾重重了。他们都致力于完成团队任务，并能相互依赖地解决问题和达成共同目标。这时的生产力达到巅峰，产生的理想结果是工作成就和自豪感。这个阶段要注意避免失去热情和持续下去的动力。对于永久性的工作团队来说，这就是理想的最终阶段和继续进行的阶段。

解散阶段（Adjourning）。当临时团队，如任务团队和委员会等，在达成目标后要解散时，解散阶段或分离阶段就发生了。团体成员对解散的感觉各异，有对失去友谊感到的悲伤和压抑，也有对完成目标的高兴和满足等。在这一阶段，团队引导者可以通过认可和奖励团队表现的方式，形成一个积极的结束。庆典活动能给团队成员带来满足感和成就感，为这一结束带来一些积极情绪。

注释

1. A. C. Edmondson and D. M. Smith, "Too Hot to Handle? How to Manage Relationship Conflict," *California Management Review*, Vol. 49, No. 1 (2006), pp. 6-31; A. Edmondson, M. Roberto, and M. Watkins, "A Dynamic Model of Top Management Team Effectiveness: Managing Unstructured Task Streams," *The Leadership Quarterly*, Vol. 14, No. 3, (2003), pp. 297-325; I. D. Steiner, *Group Process and Productivity* (New York: Academic Press, 1972).

2. Jon R. Katzenback and Douglas K. Smith, *The Wisdom of Teams* (Boston, MA: Harvard Business School Press, 1993), pp. 43-64.

3. James A. Sheppard, "Productivity Loss in Performance Groups: A Motivation Analysis," *Psychological Bulletin* (January 1993), pp. 67-81.

4. Fernando Bartolome, "Nobody Trusts the Boss Completely—Now What?" *Harvard Business Review* (March-April 1989), pp. 135-142.

5. A complete description of team facilitation can be found in sources such as R. Sisco, "What to Train Team Leaders," *Training* (February 1993), pp. 62-63; and E. Schein, *Process Consultation* (Menlo Park, CA: Addison-Wesley Pubishing Co. ,1988).

6. K. D. Benne and P. Sheats, "Functional Roles of Team Members," *Journal of Social Issues*, Vol, 4, No. 2(Spring 1948), pp. 41-49.

7. D. Ancona, T. Kochan, M. Scully, J. V. Maanen, and D. E. Westney, *Managing for the Future*: *Organizational Behaior and Process*, 3rd ed. (Mason, OH: South-Western College Publishing, 2005), pp. M-5, 11-12.

8. B. W. Tuckman and M. A. C. Jensen, "Stage of Small Group Development Revisited," *Group and Organizational Studies*, Vol. 2(1977), pp. 419-427; M. F. Maples, "Group Development: Extending Tuckman's Theory," *Journal for Specialists in Group Work*(Fall 1988), pp. 17-23.

9. K. Vroman and J. Kovacich, "Computer-Mediated Interdisciplinary Teams: Theory and Reality," *Journal of Interprofessional Care*, Vol. 16, No. 2(2002), pp. 159-170.

第十七章
重视多样性

自我测评：我对工作场所中出现的多样性的看法是什么？[1]

表 17 - 1 中有 70 个描述对多样性态度的词语。阅读下面的词语，选择所有你认为与工作场所多样性相关的词语。

表 17 - 1 描述对多样性态度的词语

有同情心	伦理	愤怒	不公正
怨恨	智慧	不安全感	前进
团结	官僚主义	骄傲	合乎情理
紧张	斗争	配合	快乐
支持	倾听	责备	对抗
不好的	害怕	冲击	迷惑
探索	可觉察	挫折	颠覆
棘手	感激	不正当	和谐
负债	团队建设	参与	资产
创新	昂贵	有希望	理解
没用	有益的	牺牲	没有价值
无利可图	好的	倒退	居尊俯就
公平	压力	优点	热情
令人兴奋	合作	不友好	有利可图
混乱	不道德	规则	有用的
抵抗	不自然	合适的	不同意见
失眠	进步	丰富	忧虑
机会	友好		

得分与解析

下列词中，每选择一个加 1 分：有同情心、伦理、智慧、前进、团结、骄傲、合乎情理、配合、快乐、支持、倾听、探索、可觉察、感激、和谐、团队建设、参与、资产、创新、有希望、理解、有益的、好的、公平、优点、热情、令人兴奋、合作、有利可图、有用的、合适的、进步、丰富、机会、友好。

下列词中，每选择一个减 1 分：愤怒、不公正、怨恨、不安全感、官僚主义、紧张、斗争、责备、对抗、不好的、害怕、冲击、迷惑、挫折、颠覆、棘手、不正当、负债、昂贵、没用、牺牲、没有价值、无利可图、倒退、居尊俯就、压力、不友好、混乱、不道德、规则、抵抗、不自然、不同意见、失眠、忧虑。

将你的正分和负分相加。你的分数将处于 −35 ~ +35 分。

这个测验的目的是评估你对女性、少数民族和其他多样性团体的态度。它包括五个维度，能代表你对工作场所多样性的正面反应和负面反应。这五个维度分别是情绪反应、判断、行为反应、个人影响和组织结果。

研究者根据测验的得分划分了几种不同类型的人：

+11 ~ +35 分：他们是多样性乐天派。

−10 ~ +10 分：他们是多样性现实派。

−35 ~ −10 分：他们是多样性悲观派。

为了进行比较，研究者对两组管理者、两组员工和一组大学生分别测试了该问卷。他们的得分分别是 8.1、13.6、8.7、9.7 和 5.1，都是正分。参与测验的 40 名管理者中没有一个人的得分属于悲观派；有一半人属于乐天派，有一半人属于现实派。参与测验的 116 名员工的结果也与管理者的结果类似，46% 的人属于乐天派，49% 的人属于现实派。110 名学生组成的大学生样本中乐天派是最少的，只有 35% 的人属于这一类别。

如果你属于悲观派，你可能难以接受工作场所日益增加的多样性。你可能会想阅读更多关于多样性的益处的内容。

技能概念

要知道如何与我们类似的人相处并管理他们是有挑战性的，但是要理解并管理与我们不同的人以及获得相互理解，就更为困难了。随着工作场所变得越来越具有多样性、商业越来越全球化，管理者不能再认为所有员工都一样、都有一样的行为方式、可以用相同的手段进行管理。相反，管理者必须要理解文化多样性是如何影响组织中每一个人的期望和行为的。

什么是多样性？

多样性指的是造成人与人之间差异的大量生理和文化因素。多样性不是平等工作机会的同义词，也不是平权行动的另一种说法，尽管这两个词都有助于解释多样性。获得工作场所的多样性意味着，雇用具有不同特性的人，如不同的年龄、种族、性别和人种。重要的是要记住，多样性包括了我们每一个人，不仅仅是少数人种或少数民族。[2]

工作场所多样性曾被定义得相当狭窄，只包括寥寥几种核心维度，如年龄、种族、性别、心智/体能、民族特征、性取向等对人的一生都有影响的内在差异。这些都是固定的维度，它们是与生俱来并容易观察到的差异。[3]在当今世界，大部分组织采用的多样性概念更为包容，它包括了人与人之间差异的所有范围。[4]其他的因素包括了一切差异，包括了一些会随时间推移而发生变化的因素，如工作风格、从军经验和国籍等。这些"次要"维度可能不如传统维度有影响力，但它们也能影响一个人对自己的看法和其他人对他的看法。[5]图 17-1 说明了传统多样性观点和包容多样性观点之间的差异。因此，对管理者的挑战就是了解这一事实，即每个人都带着他的价值观和优势进入了职场，这些价值观和优势是以他自己独特的多样性特征组合为基础的。[6]

并不是为了多样性而多样性，多样性的目标是要引进新观点和新想法。例如，一个在文化上具有多样性的团队为新产品策划了一个营销活动，该团队可能可以制订出更好的计划，以进入不同的文化细分市场。

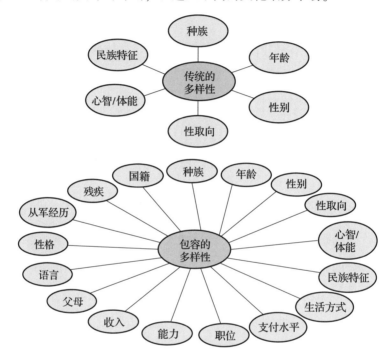

图 17 - 1　情境领导模型

资料来源：Based on A. Oshiotse and R. O'Leary, "Corning Creates an Inclusive Culture to Drive Technology Innovation and Performance," *Global Business and Organizational Excellence*, 26, no. 3 (March-April 2007), p. 12; and M. Loden, *Implementing Diversity* (Homewood, IL: Irwin, 1996), p. 14.

如何提升组织的多样性？

多样性培训起源于 20 世纪 60 年代的民权倡议，平权行动是多样性培训的重要起源。平权行动为雇佣和晋升弱势群体做出了巨大的贡献。这一行动的意义在于，如果一个组织具有前瞻性，它可能就会不顾政府的限制。而且，随着女性和少数群体在职场中获得了更好的职位，其他人会明白他们负面的刻板印象实际上是被人误导了。随着这些刻板印象的瓦解，偏见和歧视也就减弱了。尽管偏见和歧视依然存在，但是平权行动做出了巨大的贡献，为女性和少数群体获得了很多为之开放的机会。[7]

第二个途径是多样性管理项目。它们超越了平权行动，不仅使企业愿意雇用来自更广泛群体的员工，还营造了一种氛围，让少数群体得以在组织中得到很好的发展。经常由于其多样性而受到赞美的一个公司就是微软。微软表示："具有多样性的公司，更能向多样化的世界出售产品。"微软在多样性上有额外支出。例如，它招募来自少数群体的员工，如黑人、西班牙人、印第安人；除了支持少数群体商业，它还捐赠物资以鼓励少数群体的教育和职业发展；它支持由 13 名员工组成的多样性小组，小组成员包括残疾人、男同性恋和女同性恋、黑人、西班牙人、印第安人和犹太裔美国人。[8]

北美的公司每年花费 2 亿～3 亿美元用于多样性培训。一篇综述收集了 31 年以来关于 830 个中型到大型北美企业的数据，发现强制性项目——通常用于规避在歧视案件中的责任——实际上制造了与多样性的冲突。成功的多样性培训是自愿的，组织提供多样性培训以使工作场所更有包容性，为多样性日益增长的客户群服务，并促进其他商业目标的实现。最有效的培训项目聚焦于培养人际沟通技能，如本书介绍的这些技能：指导、增强自我意识、自我管理、跨文化沟通和生涯规划等。[9]

面对不同的个体，如何更好地工作？

不同组织层次的管理者都可以采取积极的行动，从而加强与多样性群体共事的能力。下面总结了一些人人都可以采取的行为。

接受多样性　成功地评价多样性的价值始于对多文化原则的接纳。你要接受多样性的价值，而不仅仅是因为你不得不这样去做。用你的言行反映出你对多样性的接纳。想要真正提高多样性，你还必须要修改组织文化，使得多样性得以生存和发展。[10]

广泛招募员工　当你的公司有职位空缺时，要尝试从多样性人才库中获取人才。避免依赖于当前员工的推荐，因为这容易使你的候选人与组织当前的劳动力状况相类似。[11]

公平选择　确保你的选择过程没有歧视，尤其是要确保选拔测验是跟工作有关的。[12]

提供新员工入门指导和培训　从局外人转变为局内人，对非传统的员工是尤为困难的。可以用来促进这一转变的措施包括建立支持小组、提供指导和安排教练。[13]

使所有员工都敏感化　鼓励所有员工接受多样性。提供多样性培训，促使所有员工都能明白多样性的价值。例如，数字设备公司通过赞助许多活动（如国际女性月）并支持一个信息网来鼓励多样性。这个信息网上有不断进行的小组讨论，小组成员每月都聚集到一起，讨论人们的刻板印象，以及如何改善与不同的人之间的关系。[14]

有灵活性　重视多样性的一个部分，就是承认不同的群体有不同的需要和价值观，灵活地对待员工的不同要求。一些常见的适应员工需求的例子，包括灵活的工作时间、压缩工作时间、轮岗、远程办公、办托儿所、将年长的父母送去养老中心等。[15]

个别激励　调查员工的背景、文化和价值观。一个是带着两个小孩的单亲妈妈，做着全职工作以维持家庭生计；一个是年轻、单身的兼职员工，或者为补充其退休收入而工作的年长员工。能激发前者工作积极性的东西，应与后者不同。而且，来自集体主义文化的员工比来自个人主义文化的员工，更容易接受以小组为基础的工作、团队目标和团队绩效评估。[16]此外，要避免对少数群体差异过分热情。这似乎是在对少数群体员工摆出居尊俯就的态度，从而适得其反，使你达不到你想获得的积极效果。例如，当一位白人招聘者拍拍一名高绩效的黑人候选者的肩膀并做出击掌的手势时，后者并不会觉得愉快，也不会接受这个工作邀请。[17]

强化员工差异　鼓励员工接受并重视多样性观念。创造提高多样性的组织传统，举行提升多样性的活动。除了强调其积极方面而赞美多样性，还要做好迎接多样性挑战的准备，如不信任、信息的错误传达、缺乏凝聚力、态度差异和压力等带来的挑战。[18]

注释

1. K. P. DeMeuse and T. J. Hostager, "Developing an Instrument for Measuring Attitudes Toward and Perceptions of Workplace Diversity: An Initial Report," *Human Resource Development Quarterly* (Spring 2001), pp. 33-51.
2. R. L. Daft, *Leadership: Theory and Practice* (Fort Worth, TX: Dryden Press, 1999), p. 302.
3. M. Loden, *Implementing Diversity* (Homewood, IL: Irwin, 1996), p. 14.
4. A. Oshiotse and R. O'Leary, "Corning Creates an Inclusive Culture to Drive Technology Innovation and Performance," *Global Business and Organizationl Excellence*, Vol, 26, No. 3 (March-April 2007), pp. 2-21.
5. R. L. Daft, *The Leadership Experience* (Mason, OH: South-Western Cengage Learning, 2008), p. 332.
6. F. Milliken and L. I. Martins, "Searching for Common Threads: Understanding the Multiple Effects of Diversity in Organizational Groups," *Academy of Management Review*, Vol. 21, No. 2 (1996), pp. 402-433.
7. S. Jackson and Associates, *Diversity in the Workplace: Human Resource Initiatives* (New York: Guilford Press, 1992).
8. H. Collingwood, "Who Handles a Diverse Work Force Best?" *Working woman* (February 1996), p. 23.
9. Shankar Vedantam, "Study: Required Diversity Trainning Fails," *The San Diego Union-Tribune* (January 21, 2008), p. A5.
10. Charlenne M. Solomon, "Communicating in a Global Environment," *Workforce* (Novemner 1999), p. 50.

11. W. B. Johnson and A. H. Packer, *Workface 2000: Work and Workers in the 21st Century* (Indianapolis, IN: Hudson Institute, 1987); M. Galen and A. T. Plamer, "White, Male and Worried," *Newsweek*(January 31, 1994), pp. 50-55.

12. S. Jackson and Associates, *Diversity in the Workplace: Human Resource Initiatives*(New York: Guilford Press, 1992).

13. J. C. McCune, "Diversity Training: A Competitive Weapon," *Management Review* (June 1996), pp. 25-28.

14. J. Greenberg, *Managing Behavior in Organizations: Science in Service to Practice*, 2nd ed. (Upper Saddle River, NJ: Prentice Hall, 1999), p. 98.

15. I. Harpaz, "The Importance of Work Goals: An International Perspective," *Journal of International Business Studies*(Frist Quarter 1990), pp. 75-93.

16. G. Hofstede, "Motivation, Leadership and Organizations: Do American Theories Apply Abroad?" *Organizational Dynamics*(*Summer* 1980),p. 55.

17. J. Bennett, "Corporate Angst' Can Generate Gaffes That Turn off Coveted Candidates," *The wall Street Journal*(October 21, 2003), p. D9.

18. T. Cox and S. Blake, "Managing Cultural Diversity: Implications for Organizational Competitiveness," *Academy of Management Executives*, Vol. 5(August 1991), pp. 45-66.

Training in Interpersonal Skills :

Tips for Managing People at Work

第六部分

解决问题

第十八章
伦理道德决策的制定

自我测评：我的伦理道德等级如何？[1]

阅读表 18 - 1 中的陈述，从五点量表中选择你对每个陈述的同意程度。

表 18 - 1　伦理道德等级量表

	非常不同意	不同意	中立	同意	非常同意
	1	2	3	4	5

分数

_____ 1. 生意场上唯一的道德就是赚钱。

_____ 2. 生意做得好的人不需要担心道德问题。

_____ 3. 根据法律行事，你也不会在道德上犯错。

_____ 4. 商业中的伦理，是期望和人们行为方式之间的一个基本调节工具。

_____ 5. 商业决策需要的是现实的经济态度，而不是道德哲学。

_____ 6. "商业伦理"只是一个公关概念。

_____ 7. 竞争力和利润率是最重要的价值。

_____ 8. 自由经济条件最能满足社会的需求。限制竞争只会损害社会利益，并在实际上违背基本的自然法则。

_____ 9. 作为一个消费者，在进行车辆保险索赔时，我设法得到尽可能多的赔偿，而不管车辆的实际损伤情况。

_____ 10. 在超市购物时，调换包装上的价格标签是适宜的行为。

_____ 11. 作为一名员工，我可以把办公用品带回家，这种行为没有伤害任何人。

_____ 12. 我将病假看成是我应得的假期。

_____ 13. 员工的工资应该由供求关系决定。

_____ 14. 商业世界有着自己的法则。

_____ 15. 一个好的商人就是一个成功的商人。

得分与解析

没有决策是不受价值观影响的。毫无疑问，决策也有其伦理维度。这个量表体现了你的哲学倾向和实践情况。与其列举出"正确的"回答，不如将你的答案与其他人的答案相比较，如此使用该量表，效果会更好。下面是来自 243 名管理学学生的每题平均分。相比较，你的回答如何呢？

1. 3.09	**6.** 2.88	**11.** 1.58
2. 1.88	**7.** 3.62	**12.** 2.31
3. 2.54	**8.** 3.79	**13.** 3.36
4. 3.41	**9.** 3.44	**14.** 3.79
5. 3.88	**10.** 1.33	**15.** 3.38

跟上述的平均分相比，你的伦理水平是更高还是更低呢？在哪一个问题上你与平均分的差异最大？对这些问题的回答，能帮助你了解你的伦理标准和其他人的伦理标准的一致程度，你在将来可能会与这些人共事。大的差异可能就是一个警告：你与其他人的伦理价值观不同。

技能概念

在充满道德的情境下做出"正确的"道德选择，对每个人来说都几乎是一种日常现象，尤其是对于当今的管理者来说更是如此。伦理通常被认为是规则或原则之类的界定行为对错的标准。[2] 不幸的是，事情并没有选择"正确的"答案那么简单。相反，决策可能涉及"对"与"错"之间的很多灰色地带。在本章中，我们将鼓励你发展出自己的伦理决策制定过程。你还将了解管理者和组织能够如何促进或阻碍道德风气的培养。

为什么伦理道德如此重要？

伦理对管理者至关重要。[3] 一个原因就是管理者的决策为员工的行为设定了标准，并为整个组织营造了一种气氛。另一个原因是管理者的行为处于大家越来越密切的注意之下。因为人们现在有了越来越多获取信息的方式，所以不端行为很快便会众所周知。组织或个人的声誉可能需要很多年才能建立起来，然而在瞬间就可能被摧毁。此外，当今的公众对管理者和组织的行为都有着高标准。消费者无须忍受一个不讲道德的公司。竞争的存在，使得公众可以选择最能满足他们期望的公司。

行为符合伦理道德，还将改善工作和生活的质量。[4] 如果员工认为大家都坚持着相似的高标准，那么他们对自己、同事和组织可能都会感觉更好。而且，许多公司都希望员工遵守伦理道德，因为这样的名声有利于生意（这一点反过来，又意味着更大的利益）。类似地，鼓励员工道德行事，能减少如员工盗窃、停工期和诉讼等带来的损失，节省资金。由于很多不道德行为是不合法的，容许员工从事不正当活动的公司可能终将被起诉。

然而，法律自身并不足以把人们领向道德。[5] 一些不符合道德的行为——宣假誓或贪污——是不合法的。但是，还有很多合法行为具有潜在的不道德性，正是这些情况给人们的选择出了难题。例如，对一位没有经验的顾客索价高于对一位精明的顾客的索价，这并非不合法。实际上，一些人可能会把这看成一个聪明的商业行为。但这符合伦理吗？借故开除员工并非不合法，但是如果公司已经容忍其不良绩效多年，而该问题员工再过几个月就能领到退休金了，那么开除他是符合伦理的吗？

让伦理作为决策的指向标

在最终的分析中，是人在做决策，而且人们经常在伦理问题上做出糟糕的选择。图 18－1 提供了一些原因，说明为什么组织中会发生这样的情况。

因此，不管你在什么样的组织中或你的老板是谁，树立你的伦理指向标并用于你的决策制定过程都是很重要的。

---

1. 这个人或这个组织是不成熟的。
2. 经济上的个人利益压倒了一切。
3. 特殊环境的诱惑超过了伦理考量。
4. 人们没有受过伦理决策制定方面的教育。
5. 不符合伦理的行为可能获得的奖励超过了可能受到的惩罚。
6. 秉持"爱情、战争和生意是不择手段的"这一态度。
7. 存在强大的组织压力，迫使你采取不道德行为。

图 18 - 1　为什么人们会在伦理问题上做出糟糕的选择

资料来源：O. C. Ferrell and G. Gardiner, *In Pursuit of Ethics*: *Tough Choices in the World of work* (Springfield, IL: Smith Collins Co., 1991), pp. 9-13.

你可以使用哪些指向标，尤其当你处于不容易分辨对错的灰色地带时？你能遵循什么过程，以加强你的伦理思考和决策？下面就是一些伦理指南，这些伦理指南能在大部分情况下指导你的决策。如果你想知道更多的方法，看看个人决策制定的伦理筛选测验吧，它包括下述七个指向标。

1. 理解组织在伦理方面的政策。伦理方面的政策，如果确有其事的话，描述的是领导者所认为的符合道德的行为是什么，以及他们希望员工怎么做。理解你所处组织的伦理政策，将使你明确什么是组织容许的行为，以及你有哪些选择或决定的自由。

2. 预料不道德冲突的发生。对可能引起不道德行为的情境保持警惕。在不同寻常的环境下，即使一个通常遵守道德的人也可能会受到诱惑，而做出一些出乎意料的行为。预测这些不同寻常的情境并先期采取行动，对你来说将是有利的。例如，一名重要的顾客有着走捷径和对销售人员施压的习惯，你可以通过与这名顾客碰个面，婉转地向他重申公司的道德信条，从而试图抑制任何不道德的诱惑。你还可以向销售人员提出有用的建议，告诉他们如何断然回绝有问题的提案，并运用道德的手段满足目标。

3. 三思而后行。问问自己："我为什么要做我即将要做的事情？是什么导致了这一问题？我这么做的真实意图是什么？我这么做的理由正当吗？是否存在隐秘的动机，如为了向同事或主管证明我自己？我的行为会伤害别人吗？"再问问你自己："我会告诉我的老板或家人我要做什么吗？"记住，这是你的行为和行动。你需要确保你所做的事情没有危害你的名声或你的组织。

4. 考虑所有的结果。当你仔细考虑你的决定的时候，你还要问问自己"如果……会怎样"。例如，"如果我做了一个错误的决策会怎样？对我会有什么影响？对我的工作会有什么影响？要是我的行为被当地电视新闻或报纸报道了怎么办？公众的关注会困扰我或我周围的人，或让我或我周围的人感到尴尬吗？如果我因为做了一些不道德的事情被抓住了怎么办？我准备好去应对这些后果了吗？"

5. 征求他人的意见。征求你所尊敬的人的建议，通常是明智之举。可能他们也曾处于类似的情境，并能通过他们的经验向你言传身教；也可能他们只能倾听你的情况，与你产生共鸣。

6. 不要孤立自己。人们很容易就与组织中发生的情况隔绝开来。然而，如果你是一名管理者，你就有责任对组织中的所有活动保持察觉。你可以通过采取门户开放政策来打破孤立状态，并不断寻找方法，改善道德行为。

7. 做你真正认为正确的事。你是有良心的，而且你要为你的行为负责。不管你做什么，如果你真的认为这么做是正确的，那么他人说什么都无关紧要。你要忠实于你内心的伦理标准，问问你自己："我能接受我的做法吗？"

伦理筛选

伦理筛选是指用道德测验检查一个预想的决策。当预想的行动处于明显正确与明显错误的灰色地带时，这个筛选的作用是最大的。下面的规则提供了当你面对一个伦理困境时可以采取的基本步骤。[6]

步骤 1 收集事实。你需要回答这些问题：现在的形势呈现出了任何法律问题吗？这种类型的决策是否有先例？组织的规章制度怎么说的？

步骤 2　界定这个伦理问题。就当前形势与某人进行详尽的讨论，阐明涉及的问题，这将很有帮助。这些问题可能包括利益冲突、处理机密信息、公司资源的合理利用，或者关于善良、尊敬、公平等更加不可捉摸的问题。

步骤 3　确定受影响方。重大的公司决策，如关闭工厂，会影响到成千上万的人。即使是一个不那么大的决策，如雇用或解雇一位残疾员工，所牵扯到的人也会比你最开始想到的要多。

步骤 4　确定结果。设法预测这个决策对所有相关的人会带来什么后果。聚焦于最可能发生的结果，尤其是负面结果。短期结果和长期结果都应该被考虑进来。例如，关闭一个老旧的工厂，可能在短期内对下岗员工造成生活困难，但是从长期来看，公司会在财政上更加健康，在岗员工长期的职业生涯也会更成功。

此外，不要忽视决策所带来的象征性的结果。每一个行动都会发出一个信息，这个信息可能是好的，也可能是不好的。如果你雇用了一名残疾员工，这一行为传递出的信息，可能比你用语言描述一个相同的情况所传递的信息要更宏大和更有意义。因此，其他人注意的不是你说的话，而是你的行为。

步骤 5　考虑你的性格和正直。你的性格指的是你想要成为哪种类型的人。因此，当你在考虑做出有问题的行为时，问问自己下面的问题。

a. 我的家人、朋友、上级和同事会如何看待我的行为？

b. 如果我的决策通过报纸或电子邮件而被公之于众，我会是什么感觉？

c. 这一决策或行为符合我受到的教育和我的信仰（或我的个人原则和责任感）吗？

d. 如果人们面临同样的环境，我希望每个人都做出同样的决定和采取同样的行为吗？

e. 如果我不是决策制定者，我会对这个决策有什么感受？

步骤 6　对备选方案进行创造性思考。在选择做某事或不做某事之外，通常你还能想出更多备选方案。当考虑你的选择时，试着更有想象力一些。

例如，如果一个心怀感激的顾客给你送了一个昂贵的水果篮，这个水果篮昂贵到你在伦理上无法接受它，你会怎么做？收下可能就错了。但是，如果你把水果篮送回去，可能会显得你不领情，让顾客觉得自己的举动很愚蠢，你甚至可能会糟蹋了这一篮水果。

因此，另一种可能性是你把这个水果篮送到收容所，然后给这个顾客写一封感谢信，告诉他你把水果篮送给了更需要的人。这样一来，你就没有违背你的原则或为你的员工树立一个糟糕的榜样。同时，你将你的原则有礼貌地告知了你的顾客，还可能打消了别人将来给你送礼的念头。

步骤 7　检查你的直觉。与理性决策制定过程非常不同的一点是，你应该再问问自己："我的内心对此作何感觉？我会为自己感到骄傲吗？"

步骤 8　准备为你的行动辩护。你能向其他人充分地解释你打算做什么吗？他们也可能会觉得这是符合伦理或道德的吗？当你准备做这一步时，你可能会想查阅图 18 - 2 中的伦理行为测验。

- **合法性测验**：我违背了国家法律或公司政策吗？
- **公正性测验**：从短期和长期来看，这对所有人都是公平的吗？它能带来双赢吗？
- **可见性测验**：如果我的决策发表在了报纸上，我会感觉良好吗？如果我的家人知道了，我会感觉良好吗？我会为这个决策而骄傲吗？
- **普遍性测验**：如果每个处于类似情境的人都采取了跟我一样的行为，我会感觉舒服吗？
- **遗产测验**：关于我对这一情况的处理方式，是我想让我的领导记住的吗？

图 18 - 2　伦理行为测验

资料来源：Adapted from K. Blanchard and N. V. Peale, The Power of Ethical Management（New York：William Morrow, 1998），p. 27；R. J. Aldag and L. W Kuzuhara, Organizational Behavior：A Skills-Based Apporach（Dubuqe, IA：Kendal Hunt, 2009），p. 308.

伦理道德决策制定的原则

在你通过伦理筛选，收集到尽可能多的关于情境的信息之后，你可以运用一组伦理标准来评价你为处理一个伦理困境而做出的选择。下述是一些关键的原则：[7]

可靠：信守承诺、共识和其他许诺。

透明：诚实，用真实和开放的行为方式。

尊严：尊重所有人的尊严。

公正：对各方公正，尊重其他人的权利。

公民权：担当一名共同体成员的责任。

响应性：回应他人的合法要求和顾虑。

在国际环境中制定符合伦理道德的决策

在世界的不同地方，伦理标准也有着显著差异。例如，贿赂在美国是非法的，但是在有些国家却是一种可以接受的做法。下述是在全球环境下指导商业伦理的四条原则。[8]

1. 尊重核心人权。不管你是否在经商，体面的工作条件、公平的待遇、最低生活工资等都一定要保证。

2. 将组织价值观和行为准则看成是绝对的。要把核心的伦理价值观和标准传达给全球的每一位组织成员。不管在何处，这些标准都为伦理行为设定了最低标准。

3. 尊重当地传统。核心人权和组织的核心价值观为伦理行为设立了底线，但也需要一些灵活性以适用于特定国家的其他伦理标准。有时，为了解决伦理困境，人们需要进行道德想象力和灵活性的练习。

4. 切记环境决定对错。在美国被认为是不符合伦理的行为，在许多其他国家，在特定的情况下，可能会被认为是符合伦理的。因而，让处于国际环境下的业务部门采取特定的伦理标准是有意义的。

鼓励他人的伦理道德行为[9]

管理者不仅自己要举止符合伦理，还有责任促进他人的伦理行为。以下是一些你可以采取的行为：

- 提倡伦理行为，与员工沟通，并奖励伦理行为，使之成为组织中的一个关键价值观。

- 身体力行，成为伦理行为的榜样。在公共场合和私下里都言行一致。

- 采取伦理立场。当你看见不道德的行为时，大胆地说出来。

- 提供渠道，让员工可以提出伦理问题和自己的担心。

注释

1. Adapted from A. Reichel and Y. Neumann, "Attitude Towards Business Ethics Questionnaire," *Journal of Instructional Psychology* (March 1988), pp. 25-33.

2. K. Davis and W. C. Frederick, *Business and Society: Management*, Public Policy, Ethics, 5th ed. (New York: McGraw-Hill, 1984), p. 76.

3. G. Dessler, *Management: Leading People and Organizations in the 21st Century* (Upper Saddle River, NJ: Prentice Hall, 1998), p. 78.

4. T. Kelly, "Ethics Offices Guide Workers to Right Choices," *New York Times News Service report in San Diego Union-Tribune* (March 3, 1998), p. C2.

5. K. Durham, "Right and Wrong: What's Ethical in Business? It Depends on When You Ask," *Wall Street Journed* (January 11, 1999), p. R48.

6. Adapted from L. K. Trevino and K. A. Nelson, *Managing Business Ethics: Straight Talk About How to Do It Right* (New York: John Wiley & Sons, 1995), pp. 71-75.

7. Lynn S. Paine, "Ethics: A Basic Framework" (Boston, MA: Harvard Business School Publishing, May 15, 2007).

8. T. Donaldson, "Values in Tension: Ethics Away from Home," *Harward Business Review* (September-October), pp. 48-62.

9. Adapted from R. J. Aldag and L. W Kuzuhara, *Organizational Behavior: A Skills-Based Approach* (Dubuque, IA: Kendal Hunt, 2009), pp. 13-31.

第十九章
创造性地解决问题

自我测评：我的创造性如何？[1]

阅读表 19 – 1 中的词语，选出最能描述你的 10 个词。

表 19 – 1　描述创造性的词语

有活力的	有说服力的	善于观察的	时尚的	自信的
坚韧的	有独创性的	仔细的	受习惯约束的	足智多谋的
以自我为中心的	独立的	严厉的	可预测的	生硬的
不拘小节的	专注的	真实的	思想开放的	有远见的
机智的	拘谨的	热情的	创新的	镇定的
贪得无厌的	实际的	警惕的	好奇的	有条理的
不动感情的	精力充沛的	圆滑的	有勇气的	思维清晰的
有帮助的	有效率的	有洞察力的	敏捷的	有自我要求的
本性温厚的	一丝不苟的	冲动的	有决心的	善解人意的
现实的	谦逊的	投入的	灵活的	心不在焉的
好交际的	受欢迎的	好动的	孤僻的	

得分与解析

选择以下形容词，每个得 2 分：

有活力的	善于观察的	有勇气的	精力充沛的
灵活的	专注的	热情的	创新的
坚韧的	有独创性的	有洞察力的	有自我要求的
足智多谋的	独立的	好奇的	投入的

选择以下形容词，每个得 1 分：

一丝不苟的	有决心的	好动的	不拘小节的
自信的	警惕的	思想开放的	有远见的

选择剩下的形容词，每个得 0 分。

加总你的分数：

16 ~ 20 分	非常有创造性
11 ~ 15 分	创造性高于平均水平
6 ~ 10 分	创造性处于一般水平
1 ~ 5 分	创造性低于平均水平
0 分	没有创造性

技能概念

各行各业的成功都依赖于在正确的时间做出正确的决策。[2] 但是，决策制定仅仅是问题解决过程的一个组成部分。只有当一个问题得到明确界定，并找出了问题的根本原因时，我们才有可能做出如何解决问题的适当决策。有效的问题解决者知道如何收集和评价信息，以便界定和阐明问题所在。他们知道在决策前思考出多种行动方案并加以权衡是非常有价值的。他们也承认严格执行方案、确保方案的有效性是很重要的。本章解释了如何通过使用科学的问题解决过程、开发个人和团队的创造力和运用质量控制技术，最终成为一名创造性的问题解决者。

人际关系问题的解决步骤

解决问题是消除现实情境与理想情境之间差异的过程。根据这个定义，问题可以被看作一个改善的机会。如果带着这种积极的思维方式，我们可能更有创造性和解决问题的积极性，而不会忽略问题或回避问题。要解决一个问题，我们先要意识到问题并承认问题的存在。接下来，需要对问题进行界定和分析。然后，需要形成多种解决方案。随后就是决策制定，即从众多可行的方案中选择出一个最佳方案。最后，就是执行解决方案。为了获得最好的结果，社会科学家建议使用如图 19-1 所示的理性的问题解决过程。[3]

问题意识
- 建立信任
- 明确目标
- 评估当前形势
- 识别问题

问题界定
- 分析问题
- 就需要解决的问题达成一致

决策制定
- 建立决策制定的标准
- 形成行动的备选方案
- 评估备选方案
- 确定计划

执行行动计划
- 分配任务和责任
- 建立执行时间表

图 19-1　理性的问题解决过程

> **跟进**
> - 设定成功的标准
> - 监控获得的结果
> - 在必要的时候采取纠正措施

图 19 - 1　理性的问题解决过程（续）

问题意识

你应对存在的或潜在的问题保持持续的警戒；保持沟通渠道畅通，监控运行状况，并检视任何背离当前计划或过去经验的行为。[4] 然而，要意识到人际关系问题可就不那么容易了。例如，人们在彼此的交往中可能会有不舒服的感觉，但是却不知道究竟发生了什么和为什么会这样。其他的时候，人们可能会隐藏存在的问题，因为他们害怕如果暴露出这些问题的话，其他人会排斥他们或降低对他们的评价。

建立信任　为了使他人积极地参与到解决问题的过程中来，你需要让他们感觉他们得到了理解和接纳。他们需要有解决问题的自信心，并相信你将把问题看成是学习机会，而不是惩罚他们的理由。[5] 人们需要对你产生足够的安全感，如此才能承认问题的存在，并为解决问题做出自己的贡献。

明确目标　如果你不知道你在一段关系中的目标是什么，那么你就难以找到问题在哪儿，更不用说如何解决问题了。因此，你必须在评估当前形势之前设定并明确目标。目标能为你提供行为的指导，并成为衡量关系有效性的基础。

评估当前形势　这一步的目标是要确定当前形势是否满足了你的需求。真实的人际关系的性质是否与你理想的人际关系的性质相匹配？如果不是这样的话，差别在哪儿？不匹配之处通常会表现得很明显，但有时因为这段关系这么久以来一直都是这样，人们会把一个不恰当的情况看成是理所当然的。如果匹配过程显示出了差异，下一步就是确定存在差异的原因。

识别问题　如果你在准确识别所有问题来源之前，就对一段人际关系存在的障碍做出反应，那么你可能会犯一些严重的错误。为了准确地识别出问题，你必须从各种各样的可能性中做出推断。为了获得关于人际关系中存在的问题的所有相关信息，双方都要自由地参与到问题识别的过程中来，而不要害怕会受到责备或批评。如果把问题解决看成一次共同学习的经历，人们就会更有可能提供必要的信息。如果人们害怕受到责备或惩罚，或者人们认为这些信息表明他们犯了错，那么他们可能就不会提供这些必要信息。

问题界定

如果问题没有得到清楚的界定，任何解决问题的努力都注定要失败，因为问题双方不会真正知道他们在为什么而努力。由于他们的行动是基于不充分的或错误的信息，剩下的步骤都会被扭曲。缺乏信息通常会阻碍形成恰当的解决方案和对潜在的负面结果进行预测。

收集所有必要的信息以使所有相关因素都得到分析，从而确定需要解决的确切问题是什么。这一步骤的目标是确定问题产生的根本原因。你不应该假设原因是什么，相反，在确定最可能的原因之前，你需要研究所有的可行方案。

轻率地假设可能会使你把症状误当作问题的原因。当症状被消除了，你通常就会错误地认为问题也消除了。如果会计部门的一名女员工在 2 个月之后就辞职了，人们可能会认为是她无法应对财务报表截止日期所带来的压力，因为该部门男员工的离职率很低。然而，问题的真正原因可能是部门的男主管骚扰了这名女员工。

分析问题　确保问题得到了准确的界定和全面的分析，能保障你不受错误假设的误导、不会治标不治本，以及没有对问题进行全面理解。界定问题的方法会对你解决方案的构思、决策的制定和行动计划的实施产生重大影响。没有对识别出来的问题进行准确地界定，会阻碍你对方案的思考，并影响最终对最佳解决方案的实施。

就需要解决的问题达成一致　如果你识别出了多个问题，那么接下来就是确定解决的优先次序，确定先解决哪个问题和哪些问题需要先搁置一边。为多个问题排列次序的一个标准就是问题的解决对理想目标会有多大贡献。即使问题的解决看起来很困难，最重要的问题也应该最先被解决。

决策制定

识别和分析问题之后，下一步就是发展出一系列行为，改善关系，使关系达到一个令人可以接受的状态。解决问题的方法通常不止一种，重要的是要愿意接受各种各样可能的解决方法并从中选出一些可行方案。

建立决策制定的标准　决策制定的标准就是解决问题需要达到的目标。有效的标准对于执行决策的人来说，应该是具体的、可衡量的、可达到的、互补的、道德的和可接受的。

形成行动的备选方案　让有关方面都参与到形成和分析备选方案的过程中来，能加强一个行动计划的价值、接受程度，并能促进计划的执行。征求反馈意见，确定参与者是否都理解了方案的潜在收益，并愿意做出必要的投入，能测验人们对该方案的接受程度。你需要想出尽可能多的解决方案，以避免选择一个不能满足所有长期标准的不成熟的方案。

评估备选方案　对备选方案的长期结果进行考量是很重要的。有时，这一点被忽视了，因为我们总是倾向于避免花额外的时间和精力去担心首选方案的负面结果。评估备选方案的重要标准，包括每种备选方案的成功率和负面结果的风险程度。如果一个备选方案失败的风险很高，成本也很巨大，即使它能带来一些收益，也不足以证明值得使用该方案。风险包括个人风险和经济风险。问问那些名誉岌岌可危或马上要进行绩效评估的人，你就会知道了。

确定计划　根据以上这些对备选方案进行评估之后，有许多方案都明显不令人满意并可以被淘汰。有时，评估会显示其中一个备选方案毫无疑问地优于其他方案；另一些时候，评估会显示没有一个行动计划是可接受的，表明需要开发出另外的备选方案。然而，通常来说，会有一些备选方案似乎是可行的，那么就必须从中选出最佳方案。表19-2是一个决策制定表，总结了评估备选方案的标准。这个表格能帮你将备选方案的收益和风险可视化，从而帮你选出收益最大而风险和成本最小的方案。决策制定的目标是要选出解决整个问题的最佳解决方案，而不为组织中的任何人制造出新的问题。

表19-2　决策制定表

备选方案	标准					
	收益	成功率	成本	风险	结果	时间
备选方案 A						
备选方案 B						
备选方案 C						

执行行动计划

除非决策和行动计划都被有效地执行了，否则两者都是没有价值的。需要完成的行动计划是如何将决策与现实联系起来的呢？执行包括分配任务和责任，以及建立执行时间表。

分配任务和责任　在口头上和书面上向每个参与者说明他们的任务是很重要的。为了避免参与者的误解，有必要明确谁要做什么、什么时候完成和如何完成。

建立执行时间表　为了有效地执行计划，所有必要的任务都需要一个确定的完成时间表。制定时间表的一个方式是先确定一个整体的截止日期（目标需要在该日期之前完成），然后再倒推制定其他任务的完成时间。行动的步骤可以按优先顺序列出，并分配充足的完成时间。你可以从目标完成前的最后一步开始制定时间表。

一旦执行了一个行动计划，人们通常会继续执行另一个行动计划。然而，最关键的是跟进计划，确保解决方案有效地发挥了其作用，而没有引起其他的问题。跟进，是问题解决过程的最后一个阶段。

跟进

跟进保证了执行的进展，并维持了在执行过程中每一个参与者的积极态度。积极的氛围对执行来说是必要的，下面是帮助建立积极氛围的指南。

- 让执行计划的其他人能看到你，从而使你能理解他们的感受和看法。
- 建立真诚的尊敬和关心。
- 确保拥有所有必要的资源。

建立起这一积极的氛围之后，在跟进过程中还有几个相继的步骤，包括设定成功的标准、监控获得的结果、在必要的时候采取纠正措施。

设定成功的标准　除非环境发生了变化，衡量问题得以成功解决的标准就是在行动计划阶段所设定的时间、质量和数量等目标。这些标准是衡量实际结果并与之相比较的基准。

监控获得的结果　实际结果应该与设定的标准相比较。如果新的绩效达到了标准，那么除了继续监控之外，就不需要进一步的行动了；如果新的绩效没有达到标准，那么下一步就要明确其原因。每一个执行步骤都可能以出乎意料的方式改变问题情境。

在必要的时候采取纠正措施　问题解决过程是一个闭环系统。如果绩效没有达到成功的标准，就需要运用问题解决过程对问题进行再次识别。对于新的纠正计划来说，也要确定新的衡量标准和时间表，收集新的数据，并用新的标准进行检验。

如何激发创造力

为了能创造性地解决问题，人们需要重视新的想法，并知道如何处理创新成果。有些人能在解决问题的过程中发挥出创造力，创意领导力中心已经发现了这些人的一些共同特征。[6]头脑风暴法能激发团队的创造力，如图 19 - 2 所示。

头脑风暴法是为了提高成员参与度并增加备选行动方案数量所使用的一种方法。[7]为了进行头脑风暴，人们要聚集成小团体，不断地提出想法，吸收他人的想法，这些想法能激发人们想出更有创造性的解决方案。有效的头脑风暴法的规则如下：

- 组成 5~7 人的团体。
- 人们自发地说出自己的想法，一次说一个想法。
- 目标是想法的数量和多样性。
- 有创造性，不要担心实用性——古怪的、牵强的想法也没关系。
- 不要批评或评价提出的想法。
- 以彼此的想法为基础，加以结合和改善。

图 19 - 2　头脑风暴法

资料来源：The brainstorming technique was originally developed by A. F. Osborn, *Applied Imagination* (New York: Scribners, 1957). It has been modified by others over the years.

为了鼓励他人发挥创造力，你必须愿意承担失败的风险。你需要给人们以实验的自由，预料到错误可能会产生，并愿意从不可避免的失败中吸取教训。害怕犯错的人会限制他人实验的自由，并抑制他人的创造力。

你要能接受尚未成型的想法。你不能要求一个想法在实现前已被 100% 地确定。你要愿意倾听他人的想法，并鼓励他人加紧完成那些有希望的"半生不熟的"提议。批评会扼杀创新。

你要能感受到什么时候是最佳时间，让正规的政策给创造力留点空间，从而获得更强大的支撑。如果你从来都不允许对标准运作程序的背离，你或许能做出可预测的成绩并避免一些错误，但这不会给你带来突破性的进展。

你需要成为一名好的倾听者。积极的倾听者会试图抽出好点子，并给予建议。他们不会将解决方案强加给他人，而不先听听对方的想法。

你不需要总是惦记着错误，或者无限期地拽着别人的错误不放手。你需要更多地面向未来，而不是面对过去；从今天开始建立关系，并致力于一个更好的未来；从经验中学习，不要沉迷于过去。

你应该相信自己的直觉。当看似正确的想法出现时，你要勇敢地立即实施，而不要等着别人给意见或建议。

如果可能的话，保持热情和活力。鼓励并激励他人实践新想法和新行为。在他人做出改善时，你要利用自己的资源帮助他们。

注释

1. Copyright © 1981 Eugene Raudsepp. Adapted from *How Creative Are you?* （New York：Putnam, 1981），pp. 22-24.
2. B. M. Bass, *Organizational Decision Making*（Homewood, IL：Richard D. Irwin, 1983）.
3. R. E. Archer, "How to Make a Business Decision：An Analysis of Theory and Practice," *Management Review* （February 1980），pp. 289-299.
4. W. F. Pounds, "The Process of Problem Finding," *Industrial Management Review*, Vol. 2（Fall 1969），pp. 1-19.
5. P. L. Hunsaker and A. J. Alessandra, *The Art of Managing People*（New York：Simon & Schuster, 1986），pp. 224-226.
6. David Campbell, "Some Characteristics of Creative Managers," *Center for Creative Leadership Newsletter*, No. 1（February 1978），pp. 6-7.
7. Based on A. F. Osborn, Applied Imagination（New York：Scribners, 1957）.

第二十章
解决冲突

自我测评：我的冲突管理风格是什么？[1]

当你与他人意见不一致时，你会如何做。阅读表 20 – 1 中的陈述，在相应的陈述之后选择合适的数值。请根据你真实的行为作答，而不是你认为你应该做出的行为。

表 20 – 1　冲突管理风格测试

5	4	3	2	1
经常	很多时候	有时	偶尔	很少

当我与他人意见不一致时

A 组：

1. 我会探究我们之间的不同之处，既不让步，也不把我的观点强加于对方。　———
2. 我会公开表示反对，并就我们之间的不同进行更多的讨论。　———
3. 我会寻找一个双方都满意的解决办法。　———
4. 与其让对方不顾我的意见而独自做决定，我会确保他听到了我的意见，我也会让他把话讲完。　———

加总第 1~4 题的分数，得到你的 A 组得分为： ———

B 组：

5. 我宁愿寻找一个折中的办法，而不愿寻找一个完全令人满意的解决办法。　———

(续)

5	4	3	2	1
经常	很多时候	有时	偶尔	很少

6. 我承认我有一半的错误，而不愿探究我们之间的差异。　＿＿＿＿＿＿

7. 我有迁就他人的习惯。　＿＿＿＿＿＿

8. 我只能说出我真实想说的大约一半的内容。　＿＿＿＿＿＿

加总第 **5~8** 题的分数，得到你的 **B** 组得分为：＿＿＿＿＿＿

C 组：

9. 我完全屈从于他人的观点，而不愿试图改变他人的意见。　＿＿＿＿＿＿

10. 我回避该主题的任何一个有争议的方面。　＿＿＿＿＿＿

11. 我宁愿尽早同意他人的意见，也不愿就某个问题进行争论。　＿＿＿＿＿＿

12. 一旦对方的情绪就该问题开始激动，我就会立马屈服。　＿＿＿＿＿＿

加总第 **9~12** 题的分数，得到你的 **C** 组得分为：＿＿＿＿＿＿

D 组：

13. 我争取说服他人。　＿＿＿＿＿＿

14. 无论发生什么，我都要朝胜利的方向努力。　＿＿＿＿＿＿

15. 我在好的争论中从不退缩。　＿＿＿＿＿＿

16. 我要胜利，不愿妥协。　＿＿＿＿＿＿

加总第 **13~16** 题的分数，得到你的 **D** 组得分为：＿＿＿＿＿＿

E 组：

17. 在问题解决前，我喜欢回避对方。　＿＿＿＿＿＿

18. 我宁愿失败，也不愿意有情感冲突。　＿＿＿＿＿＿

19. 我认为我们之间大部分的差异都不值得担心。　＿＿＿＿＿＿

20. 在我全面地考虑清楚这一问题前，我会设法推迟对该问题的
　　讨论。　＿＿＿＿＿＿

加总第 **17~20** 题的分数，得到你的 **E** 组得分为：＿＿＿＿＿＿

得分与解析

加总你在每一组陈述中的得分，分组情况如下：

A 组（第 1~4 题）：　　　＿＿＿＿＿＿

B 组（第 5~8 题）：　　　＿＿＿＿＿＿

C 组（第 9 ~ 12 题）：　　_____

D 组（第 13 ~ 16 题）：　　_____

E 组（第 17 ~ 20 题）：　　_____

A、B、C、D、E 组代表的分别是如下冲突解决策略：

A 组代表合作：我赢，你赢。

B 组代表妥协：双方都有失有得。

C 组代表调停：我输，你赢。

D 组代表对抗/强夺：我赢，你输。

E 组代表回避：我输，你输。

分别计算每组得分以确定你对上述策略使用的相对频率。

- 每组得分在 17 分及以上属于高分。当你与他人意见不一致时，你比大部分人都更经常做出上述的行为。

- 得 8 ~ 16 分属于中等分数。当你与他人意见不一致时，你采用这些行为的频率跟大部分人差不多。

- 得 7 分及以员工于低分。当你与他人意见不一致时，你不太可能做出上述中的行为。

每个人都有其偏爱的或习惯性的冲突解决风格。在某一组获得高分，说明那是你最经常使用（即使用频率最高）的策略。得分并不能说明使用策略的熟练程度。当你在分析你的冲突风格时，关键是要考虑你的冲突解决方式对于你经常面临的冲突情境和所期望的结果而言是否恰当。下面的主要内容是理解冲突解决的基本方式，我们将说明这五种冲突解决风格及其适用范围。

技能概念

冲突是组织生活中的一种自然现象，因为组织成员有着不同的目标，而且组织的资源是稀缺的。这两者使得组织中的政治具有该组织的特性，却也成了冲突的来源。此外，当代管理实践强调个体之间的相互依赖、合作，以及"我们和他们"的环境，这也增加了冲突发生的可能性。例如，矩阵制组织结构、任务小组、参与式的决策制定、双重薪酬体系，以及为了削减成本和提高效率而对部门进行的重构，都将增加冲突发生的可能性。然而，不足为奇的是，乔斯佛德（Tjosvold）和约翰逊（Johnson）发现，对于组织效率来说，没有什么技巧比建设性管理和冲突解决更重要的了[2]。

由于冲突是组织与生俱来的，它不可能被彻底消除。当然，这也并不一定是坏事。冲突也有一些积极的特征。它能激发创造力，促进创新和变革。[3]如果一个组织全无冲突，它将变得冷漠、僵化，对变化没有反应。然而，所有的冲突都明显是没有用处和没有助益的。当管理者在谈论冲突时，他们通常指的是冲突的几种不良效应和对其的解决办法。考虑到这一现实，即使冲突管理包含了冲突的刺激作用和冲突的解决技巧，[4]在本章中我们也只将讨论限定在冲突解决的方法和技巧上。

解决冲突依赖于其他人际沟通技能

很少有人际关系技能像解决冲突那样利用其他的人际关系技能。具体地说，解决冲突需要运用目标设定、倾听、反馈和劝说技巧。

我们知道正式的目标能指导和激励员工，为工作绩效提供可以参照的标准。然而，它们还能通过降低工作的模糊性和将个人兴趣升华为更大的组织目标来阻止冲突的发生。目标设定建立了特定的工作绩效标准。这些标准又反过来使自私的行为和功能不良的冲突变得更清晰可见。正如政治一样，冲突在一个模棱两可的氛围中更容易发展和激化，因此，设定目标可以减少冲突的发生，从而减少冲突解决技巧的使用。

对于有效沟通来说，倾听和反馈是重要的技巧。正如我们将要呈现给大家的，沟通中的曲解经常会造成人际冲突。运用倾听技巧可以提高沟通的清晰度，而运用反馈技巧能提高理解的准确性，从而减少沟通过程中的曲解。

最后，劝说是与冲突解决密切相关的一种人际关系技能。当你没有或不想使用正式职权时，劝说是一种让他人按照你所期望的去做的可行手段。当组织中的双方或多方意见不一致时，你可以利用你的劝说技能解决他们之间的分歧。此外，有效的谈判也取决于你的劝说能力，从而使他人降低要求并看到你的提议所具有的优点。

关键的冲突管理技能

为了有效地管理冲突，你需要了解自己，还需要理解发生冲突的双方，理解造成冲突的局势，并意识到你的选择。

1. 确定你偏爱的冲突处理风格。 正如第二章所指出的，人际关系的成功始于自我意识。这一点在冲突管理中显得尤为正确。我们大多数人都有能力根据情境选择不同的冲突反应，但是每个人都有一种偏爱的冲突处理风格。[5] 在本章开始时你所填写的问卷，就是为了识别出你的基本冲突解决风格。再看一眼你的测试结果吧。你可以为了适应某种冲突发生的情境而改变你偏爱的冲突风格，然而，你基本的冲突处理风格说明的是你最有可能如何表现和你最经常使用哪些冲突处理手段。

2. 谨慎地选择你想要处理的冲突。 不是每种冲突都值得你关注。有些冲突可能不值得你去努力处理，还有一些冲突可能是无法处理的。回避看似是在逃避问题，但有时却是最恰当的回应。通过回避琐碎的冲突，你可以提高你总体的管理效率及冲突管理技能。谨慎地选择你要参与的战役吧，节省力气去处理那些值得处理的冲突。[6]

不管我们的愿望如何，现实告诉我们，一些冲突是无法处理的。当对抗已根深蒂固，当一方或双方都希望延续冲突，或者当情绪激化到一定程度以至于不可能进行建设性干预时，你的努力极有可能遭受失败。因此，不要天真地认为好的管理者能有效地处理每一个冲突。还有些冲突本身具有建设性，因此最好还是任其发展吧。

3. 评估发生冲突的各方。如果你选择管理一个冲突情境，那么，花点时间了解冲突的各方是很重要的。谁卷入了冲突？每一方代表的利益是什么？冲突者的价值观、性格、情感和资源是什么？如果你能站在冲突各方的角度观察冲突造成的局面，将大大提高你成功处理一场冲突的可能性。

4. 估计冲突的缘由。冲突不会无端发生，发生冲突一定是有原因的。由于你解决冲突的方法可能在很大程度上依赖于冲突的原因，所以你需要理解冲突的原因是什么。研究表明，尽管冲突的产生有各种各样的原因，但基本可以分为三类：沟通问题、结构问题和个人问题。沟通问题指的是由语义理解困难、误解和沟通渠道中的噪声所引起的沟通分歧。[7]人们往往认定，大部分冲突都是由于缺乏沟通而造成的。正如一位作家曾写道："沟通太多的结果是冲突。许多人犯的错误是将良好的沟通与他人同意自己的观点等同起来了。"[8]也就是说，人们假定如果他人不接受自己的观点，必定是沟通存在问题。从表面上看，人际冲突主要是由缺乏沟通造成的，但更进一步分析可以发现，这些分歧是由不同的角色要求、部门目标、人格、价值观体系或其他类似的因素导致的。一些管理者可能太过关注缺乏沟通这一条导致冲突的原因，以至于超过了其应受到关注的程度。

就组织的本质而言，有横向和纵向的区别。[9]管理层分配任务，把性质类似的任务归于特定部门，建立起权力层级以协调各个部门，并建立起规则和准则以促进部门工作实践的规范化。结构分化带来了整合方面的问题。最经常的结果就是冲突。人们在目标、决策选择、绩效标准和资源分配上都有分歧。然而，这些冲突不能归因于沟通不良或敌意。相反，这些冲突是源于组织结构本身。人们想得到的资源包括预算、晋升、加薪、增加岗位、办公室空间、对决策的影响力等，这些都很稀缺，因此必须加以分配。通过专业化和合作，横向单位（部门）和纵向结构（管理层级）的创建为组织带来了效率，但同时也带来了潜在的结构冲突。

造成冲突的第三个原因是个人差异。冲突可以由于人的特质和个人价值观体系的不同而发生和发展。有些人之间的相互反应使得他们难以共事。例如背景、行为风格、教育、经历和培训等因素，塑造出了人们带有特定价值观的独特个性。结果就使得有些人被他人认为是伤人的、不值得信任的或古怪的。这些个人差异也可能会造成冲突。

5. 了解自己可选择的方法。托马斯（Thomas）[10]认为有五种解决冲突的策略：回避、协调、强制、妥协和合作。每种策略都各有优点和缺点，没有一种策略是普遍适用的。你要把每种策略都看成你冲突管理"工具箱"中的一种工具。尽管你可能更擅长使用某一种"工具"，但是优秀的管理者知道每种"工具"能做什么，以及它们在什么情况下是最有效的。

前文指出，每种冲突的解决并不都是需要行动的，有时回避才是最好的解决办法，即从冲突中撤退或忽略冲突的存在。当冲突很微小时，当冲突双方情绪激动、需要时间使他们冷静时，或者当一个果决的解决方法带来的潜在破坏要大于其益处时，回避是最好的解决办法。

协调的目标是通过将他人的需要和关心置于自身的需要和关心之上，维持和谐的人际关系。例如，你可能在一个问题上屈从于他人的观点。当处于争议的问题对你不那么重要，或者当你想为以后更重要的问题建立信任时，这一策略是可行的。

使用强制策略，即你试图牺牲对方的利益来满足自己的需求。在组织中，最能说明强制策略的例子是，管理者经常需要使用正式职权来解决冲突。当你需要一个快速的解决办法时，当你必须对重要问题做出某些不受欢迎的举动时，以及当他人对你这一解决方法不用负什么责任时，强制策略都能有效地解决冲突。

妥协策略要求每一方都放弃一些各自认为重要的东西。这是管理层与员工在协商新的劳动合同时使用的一种典型策略。当冲突双方在力量上处于均衡时，当需要为复杂的问题制订出暂时性方案时，或者当迫于时间压力需要采取权宜之计时，妥协都是最佳策略。

合作是一种双赢策略。冲突的双方都力图满足彼此的利益。这种策略的典型特征是双方进行公开和诚恳的沟通，积极倾听，理解双方的差异，通过深思熟虑，在各种选择中确定有利于双方的最佳解决方案。当没有什么时间压力时，当双方都极其希望获得双赢的解决方案时，或者当问题太重要以至于无法妥协时，合作是最佳的冲突解决策略。

6. 选择"最好的"解决方式。考虑到你对这些策略可能很熟悉，你该如何开始着手呢？你可以从自己最偏爱的冲突处理风格开始（见本章开篇的测试）。这将使你意识到哪种是你使用得最得心应手的风格。

接下来，你要明确你的目标是什么。"最好"的解决方式是与你对"最好"的定义紧密相关的。我们所讨论的策略似乎有三个目标：冲突问题的重要性、对维持长期人际关系的关心以及你需要解决冲突的速度。在其他因素相当的情况下，如果导致冲突的问题对组织或部门成功是至关重要的，合作是最好的解决方式。如果重要的是保持支持性的关系，那么最佳方式按照优先程度排序依次为协调、合作、妥协和回避。如果最重要的是要尽快解决冲突，最有效的方式依次是强制、协调和妥协。

最后，你要考虑是什么造成了冲突。在一定程度上，方式的有效性依赖于冲突的原因是什么。[11]沟通问题导致的冲突主要包括信息误传和误解。这样的冲突需要靠合作来解决。相反，基于个人差异的冲突，是源于双方价值观和个性的不同。对这种冲突最好采取回避策略，因为这些差异往往是根深蒂固的。当管理者不得不解决这种类型的冲突时，通常会采用强制策略，与其说是因为它能安抚双方的情绪，不如说是因为它很有效。第三种是结构冲突，它似乎是所有解决方式都可能有效的冲突。

这一融合了你的个人风格、目标和冲突根源的过程，将帮助你确定在特定冲突情境下最有效的方式或方式的组合。

注释

1. Adapted from T. J. Von der Embse, *Supervision: Managerial Skills for a New Era* (New York: Macmillan, 1987); Ralph H. Kilmann and Kenneth W. Thomas, "Developing a Forced -Choice Measure of Conflict Handing Behavior: The MODE Instrument," *Educational and Psychological Measurement* (Summer 1977), pp. 309-325.

2. Dean Tjosvold and David W. Johnson, *Productive Conflict Management: Perspectives for Organizations* (New York: Irvington Publishers, 1983), p. 10.

3. Stephen P. Robbins, "'Confilict Management' and 'Conflict Resolution' Are Not Synonymous Terms," *California Management Review* (Winter 1978), pp. 67-75.

4. Ibid.

5. Ralph H. Kilmann and Kenneth W. Thomas, "Developing a Forced-Choice Measure of Conflict Handling Behavior: The MODE Instrument," *Educational and Psychological Measurement* (Summer 1977), pp. 309-325.

6. Leonard Greenhalgh, "Managing Conflict," *Sloan Management Review* (Summer 1986), pp. 45-51.

7. Stephen P. Robbins, *Managing Organizational Conflict: A Nontraditional Approach* (Englewood Cliffs, NJ: Prentice Hall, 1974).

8. Charlotte O. Kursh, "The Benefits of Poor Communication," *Psychoanalytic Review* (SummerFall 1971), pp. 189-208.

9. Stephen P. Robbins, *Organization Theory: Structure, Design, and Applications*, 2nd ed. (Englewood Cliffs, NJ: Prentice Hall, 1987).

10. Kenneth W. Thomas, "Conflict and Conflict Management," in Marvin Dunnette (ed), *Handbook of Industrial and Organizational Psychology* (Chicago, IL: Rand McNally, 1976), pp. 889-935.

11. Stephen P. Robbins, *Managing Organizational Conflict: A Nontraditional Approach* (Englewood Cliffs, NJ: Prentice Hall, 1974).

第二十一章

谈判

自我测评：我是怎么进行谈判的？

阅读表 21 - 1 中的陈述，选择你对这些陈述同意或不同意的程度。

表 21 - 1　有关谈判的测试

SA = 非常同意	D = 不同意				
A = 同意	SD = 非常不同意				
U = 不确定					
1. 我相信所有事情都是可以协商的。	SA	A	U	D	SD
2. 在每一次谈判中，都有人获胜、有人失败。	SA	A	U	D	SD
3. 谈判前，我试图尽可能多地收集关于谈判对手的信息。	SA	A	U	D	SD
4. 我根据对方的初始提议，形成我的谈判策略。	SA	A	U	D	SD
5. 我试图以做出小小的让步之类的积极行为来开始谈判。	SA	A	U	D	SD
6. 在每次交涉过程中，我都竭力想象自己胜利的画面。	SA	A	U	D	SD

得分与解析

第 1、3、5 题选择 "SA" 的，每题得 5 分；选择 "A" 的，每题得 4 分；选择 "U" 的，每题得 3 分；选择 "D" 的，每题得 2 分；选择 "SD" 的，每题得 1 分。第 2、4、6 题，反向计分，即选择 "SA" 的得 1 分，选择 "A" 的得 2 分，以此类推。

加总你的得分。总分在 25 分及以上，说明你对如何成为一名有效的谈判者有着基本的理解；总分在 19～24 分，说明你还有提升的空间；如果你的总分在 18 分及以下，请阅读下文并加以练习，以提高你谈判的有效性。

技能概念

什么是谈判？谈判是双方或多方交换商品或服务，并试图就交易率达成共识的过程。在本书中，我们还运用谈判这个术语与交涉进行互换。

律师和汽车销售商会花费大量的时间进行谈判。管理者也是如此：他们不得不为新进员工的薪水而进行谈判，商量降低主管的待遇水平，为预算进行讨价还价，解决同事之间的分歧，以及解决自己与员工间的冲突。

交涉策略

谈判的两个基本方法是分配式交涉和整合式交涉。

想象一下，你在报纸上看到一则出售二手车的广告。这辆车正好是你想要的，因此你决定去看一下车。车很不错，你想将它买下来。车主告诉你他的要价，但你不想支付那么多。随后，你们两个人就价格问题进行谈判。这一谈判过程被称作分配式交涉。分配式交涉最显著的特征是谈判是在零和条件下开始的。也就是说，一方的收益便是另一方的支出，反之亦然。你要求卖方每降一美元，都是为你自己节省了一美元。相反地，卖方从你手中每多获得一美元，都是你要多付出的成本。因此，分配式交涉的本质是如何切蛋糕的问题。

图 21-1 描绘的就是分配式交涉策略。A 方和 B 方分别代表两个谈判者。双方都有自己的目标点，目标点标注的是他们想要获得的收益。同时，双方也都有一个阻力点，表示的是他们可以接受的最低收益——低于此点，人们将中止谈判，而不会接受一个差强人意的解决方案。目标点和阻力点之间的

区域就是谈判区间。只要双方所期待的结果有重叠，便必然存在这么一个区间，在区间之内两者的期望值都能得到满足。

在进行分配式交涉时，你的谈判策略是尽可能地让对方同意你的目标点，或者尽可能地接近你的目标点。这样的策略举例如下：

- 说服对方相信达到他的目标点是不可能的，接受一个靠近你的目标点的方案才是明智的。
- 论证你的目标点是公正合理的，而对方的目标点缺乏合理性。
- 试图让对方在情感上对你慷慨，因而接受一个接近你的目标点的结果。

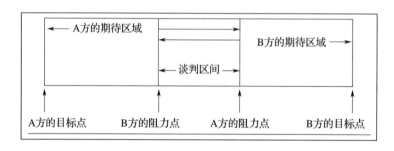

图 21 - 1 分配式交涉策略

现在我们来说说整合式交涉。假设一个女士运动衣制造商的销售代表刚与一家小型服装零售商签订了一个 15000 美元的订单。这个销售代表带着该订单拜访制造商的信贷部门。信贷部门告诉她，不能为这一客户批准信贷，因为该客户过去有着拖欠货款的记录。第二天，销售代表与制造商的信贷主管见面，就这一问题进行讨论。销售代表不想失去这笔生意，而信贷主管也想做成这笔买卖，但他不愿将来被一堆坏账缠住。两人开诚布公地发表了自己观点。经过长时间的讨论后，他们达成了一致，得到了一个能够满足双方利益的解决方案：信贷主管将批准这笔交易，但这个服装零售商必须提供银行担保，若没有在 60 日内收到零售商的货款，银行将确保付款。

这个销售—信用谈判就是整合式交涉的一个例子。与分配式交涉相比，整合式交涉所假定的前提是，至少有一种解决方案能达到双赢的局面。

一般来说,整合式交涉要优于分配式交涉,因为前者建立起了长期关系,促进了未来合作。它将谈判双方紧紧地结合在了一起,并使每一方在离开谈判桌时都感觉自己取得了胜利。而分配式交涉却将一方置于失败者的境地,它在谈判双方之间建立起敌对气氛,加深了双方的分歧,破坏了长期合作的基础。

那么,为什么我们在组织中很少看到整合式交涉呢?答案就在于这种谈判的成功需要必要的条件。这些成功的条件包括:信息公开、双方开诚布公、每一方都能敏锐地觉察另一方的需要、对他人信任,以及双方都有伸缩的余地。由于许多组织的文化和人际关系缺乏开放性、信任和灵活性,组织中通常采用不惜一切代价取胜的谈判方式也就不足为奇了。

有效谈判的指导原则

有效谈判的本质特征可以归纳为以下八条:

1. 了解对方的情况。尽可能多地收集关于对方的兴趣和目标的信息。对方真正需要和想要的是什么?对方需要安抚什么样的领导?对方的谈判策略是什么?

这些信息将帮助你理解对方的行为,预测他对你的提议所做出的反应,你可以以他们的利益之名提出解决方案。此外,如果你能预测到对方的立场,就能更好地提出相反的论证,用事实和数据支持你的立场。

2. 有一个具体的策略。谈判就像下棋。专业棋手都有策略。早在面对一个特定局势之前,他们就已经想好要如何回应了。你的形势如何?这个问题的重要性如何?你是否愿意妥协以尽早获得解决办法?如果这个问题对你来说很重要,你的立场是否足够坚定,以使你能够采取强硬手段而不做任何妥协呢?这些问题都是你在进行谈判之前所需要考虑的。

3. 要有一个积极的开始。在谈判之前,你应与对方建立起亲密的关系和利益共通性。然后,你要让谈判有个积极的开始,或许做出一个小小的让步就能做到这一点。研究表明,让步是互惠互利的,并有助于达成共识。通过报答对方的让步,积极的氛围能进一步保持和发展下去。

4. 谈判要针对问题，而不是性格。将注意力集中于谈判的主题，而不要集中于对手的性格特征。当谈判陷入僵局时，你要避免攻击对手。如果对方感觉受到了威胁，他们就会将精力集中于捍卫自己的尊严，而这跟问题解决是背道而驰的。你所不同意的只是对方的观点或立场，而不是这个人。将人与问题分离开，不要将谈判双方的意见分歧私人化。

5. 保持理性的、目标导向的思路。 如果对手对你进行人身攻击或变得非常激动，那么就要反过来运用之前提到的指导原则。你要控制自己的情绪，避免上钩。让对方发完脾气，而不要认为这是针对你的，同时试着理解对方表现出攻击性的背后究竟存在什么问题或在使用什么策略。

6. 不要过多地关注最初的提议。把最初的提议仅当作谈判的起点。每个人都有一个最初的立场。这些最初的提议通常都是极端的、理想化的。你应将它们束之高阁，集中精力于对方的利益和你自己的目标，以及当你们在形成新的可能性时需要遵循的原则。

7. 强调双赢的解决办法。谈判者一般认定，自己的所得必是对方的付出。正如在整合式交涉中说到的，事实并非如此。谈判中经常会有双赢方案的出现。然而，将谈判假定为零和博弈，意味着失去了双赢的交易机会。因此，如果条件允许的话，你要积极地寻找一个整合式的解决办法。你可以多提供几个选择，尤其是你能做出的那些可能为对方带来巨大价值的低成本让步。以对方的利益之名提出可行的选择，更有利于寻找双赢的解决方法。

8. 坚持使用客观标准。确保你的谈判决策是基于原则和结果，而不是基于情绪或压力。[1] 对客观标准达成共识，有助于双方评价可选方案的合理性。如果谈判没有满足这些客观标准，也不要屈服于情绪化的请求、魄力或顽固的想法。

注释

1. R. Fisher and W. Ury, *Getting to Yes: Negotiating Agreement without Giving In* (New York: Penguin Books, 1986).